EDITORIAL

Ex oriente lux

Aus dem Osten kommt das Licht. Im Moment kann man mit Blick auf die Orthodoxie bestenfalls von Licht und Schatten sprechen. Der russische Angriffskrieg gegen die Ukraine hat die orthodoxen Kirchen neu ins Rampenlicht gestellt. Die Vielfalt der Kirchen in der Ukraine ist im Bewusstsein angelangt. Vor allem aber gilt das Scheinwerferlicht der russisch-orthodoxen Kirche des Moskauer Patriarchats, die die Politik *Wladimir Putins* ideell stützt und damit Grundüberzeugungen des Christentums verrät. Die höchst problematische Positionierung von Patriarch *Kyrill*, die sich im vergangenen Jahrzehnt bereits abzeichnete, hatte die innerorthodoxe Ökumene bereits schwer belastet. Jetzt zeigt sich die Zerrissenheit offensichtlicher denn je.

Auch andere orthodoxe Kirchen stehen durch eine ethnische Grundstruktur in der Gefahr, sich zu stark von nationalen Interessen leiten zu lassen. Belegt wird hier, wie Religion ein zentraler politischer Faktor sein kann, dessen Bedeutung trotz der zurückgehenden Kirchenbindung in Europa virulenter wird. Das gilt nicht zuletzt für die Konflikte im Nahen Osten, in denen die mehrheitlich orthodoxen und altorientalischen Christen zerrieben zu werden drohen. Umso wichtiger, die Kirchen des Ostens genauer kennenzulernen.

Ex oriente lux: Das entspricht der Sichtweise des Westens. Die Polarität von West und Ost als platte Gegenüberstellung ist meist ein viel zu einfaches Schema, um über die orthodoxen Kirchen zu reden. Es beginnt eben mit den altorientalischen Kirchen, die sich nicht erst im Jahr 1054, sondern bereits nach den großen Konzilien in der Spätantike abspalteten. Einen Sonderfall stellen die unierten Kirchen dar, die zwar liturgisch und kulturell Kirchen des Ostens sind, den Papst aber als Oberhaupt anerkennen. Viele Kirchen des Ostens haben seit Längerem aufgrund von Migration weltweit Gemeinden und Diözesen aufgebaut. Allein in Deutschland wird inzwischen die Zahl der orthodoxen Christen auf drei bis mehr als fünf Millionen geschätzt. Die Orthodoxie wird neben den beiden schrumpfenden, noch großen Kirchen immer wichtiger.

Die Bilder dieses Heftes zeigen Ikonen, die für die orthodoxe Spiritualität zentral sind. Gemalt auf Munitionskisten, spiegeln sie die Spannung der Orthodoxie zwischen brutaler militärischer Auseinandersetzung und ihrer lebendigen geistlichen Tradition wider. Auch darüber hinaus lässt sich von der Orthodoxie Wesentliches für ein tieferes Verständnis des christlichen Glaubens lernen. Das beginnt mit der gelebten Synodalität, die im Katholizismus erst seit Jüngstem wieder verstärkt auf der Tagesordnung steht, geht über eine tiefgreifende Schöpfungsspiritualität und endet nicht bei Impulsen aus der Liturgie, die beispielsweise über Taizé auch bei uns wirksam geworden sind. Ex oriente lux!

Wohin steuern die Kirchen des Ostens? Welche Rolle können die orthodoxen und altorientalischen Kirchen angesichts der aktuellen Situation in den ökumenischen Gesprächen spielen? Und was wird das Jubiläum des Konzils von Nizäa vor 1700 Jahren leisten können, wonach die Kirchenspaltungen ihren Lauf nahmen? Auf diese und viele weitere Fragen geben die Autorinnen und Autoren dieses Heftes Antwort. Wir danken ihnen herzlich dafür.

Die Redaktion wünscht eine anregende Lektüre!

INHALT

www.herder-korrespondenz.de
Spezial | Oktober 2024

EDITORIAL		1
INHALTSVERZEICHNIS		2
EINFÜHRUNG	– Gefährdete Einheit. Die Orthodoxe Kirche auf dem Weg zur Weltkirche Johannes Oeldemann	4
STREITGESPRÄCH	– „Kirchengeschichte findet in der Diaspora statt". Ein Gespräch mit Regina Elsner und Radu Constantin Miron	7
AUSGANGSPUNKT	– Ein Erster unter Gleichen. Das Ökumenische Patriarchat von Konstantinopel Grigorios Larentzakis	12
	– Schenke uns mit deiner Macht den Frieden. Wie Russlands Krieg die Orthodoxie der Region verändert Natallia Vasilevich	15
	– Die Versuchung. Orthodoxe Kirchen und der Nationalismus Stefan Kube	20
ÖKUMENE	– Dialog ohne Triumphalismus. Konfessionalisierung in Ost und West Barbara Hallensleben	23
	– Ein buntes Proprium. Die orthodoxen Kirchen in Deutschland Georgios Vlantis	25
	– Am Freitagnachmittag trifft man sich. Orthodoxer Religionsunterricht an deutschen Schulen Marina Kiroudi	27
	– Ungewöhnlich herausgefordert. Zum aktuellen Stand des orthodox-katholischen Dialogs Gerhard Feige	29
	– Einheit in Verschiedenheit. Die katholischen Ostkirchen Dietmar W. Winkler	30

Zu den Bildern

Das ukrainische Künstlerpaar Sonia Atlantova und Oleksandr Klymenko schreibt Ikonen auf das Holz von Munitionskisten. Hilde Naurath stellt die Abbildungen in diesem Heft vor.

61

Johannes Oeldemann
„Die Bezeichnung ‚Ostkirchen' trifft nicht mehr zu, denn orthodoxe Christen gibt es heute in der ganzen Welt."

4

Natallia Vasilevich
„Die orthodoxen Kirchen verfügen über keinerlei Formen der synodalen Entscheidungsfindung mehr."

15

Barbara Hallensleben
„Wir haben mit der orthodoxen Welt nicht zu viel gesprochen, sondern zu wenig und auf die falsche Weise."

23

ORTHODOX
WOHIN DIE KIRCHEN DES OSTENS STEUERN

REPORTAGE
- Wo die Uhren anders ticken. Erfahrungen aus der autonomen Mönchsrepublik Athos Christoph Markschies **33**

THEOLOGIE
- Gott und Mensch. Das Ringen um christologische Grundfragen entzweite Ost und West Theresia Hainthaler **35**
- Göttliche Präsenz in Bildern. Ikonen als Spezifikum orthodoxer Theologie und Liturgie Daniel Benga **39**
- Innere Ruhe und brennende Sehnsucht. Im Kern der orthodoxen Spiritualität Georgiana Huian **43**
- Unterwegs zu einer liturgischen Christologie. Was die systematische Theologie von der Orthodoxie lernen kann Ioan Moga **46**
- Erlösung in der Schöpfung. Die Klimakrise und das Spezifikum orthodoxer Spiritualität Stefanos Athanasiou **50**

PANORAMA
- Vom entlegenen Patriarchat zur Weltkirche. Die altorientalischen Kirchen des Nahen Ostens Matthias Vogt **52**
- In dir sei Friede. Ökumene in Jerusalem in Zeiten des Konflikts Frans Bouwen **56**
- Rechtmäßig verbunden. Auch die Orthodoxie muss sich mit veränderten Moralvorstellungen beschäftigen Konstantinos Vliagkoftis **59**
- Frischer Atem. Die Armenisch-Apostolische Kirche ist mit ihren Sorgen nicht allein Vazrik Bazil **60**
- In die richtige Richtung. Der Liturgiestreit in der syro-malabarischen Kirche in Indien Baby Varghese **62**

IMPRESSUM

Redaktion:
Dr. Stefan Orth (Chefredakteur, verantw.), Dr. Fabian Brand, Hilde Naurath, Annika Schmitz, Theresia Lorenz (Redaktionsassistenz)

Anschrift der Redaktion:
Hermann-Herder-Straße 4
79104 Freiburg
Telefon (07 61) 27 17-3 88
Telefax (07 61) 27 17-4 88
Berliner Büro
Haus der Bundespressekonferenz
Schiffbauerdamm 40 / 4315
10117 Berlin
E-Mail:
herderkorrespondenz@herder.de
www.herder-korrespondenz.de

Verlag und Anzeigen:
Verlag Herder GmbH
Hermann-Herder-Str. 4
79104 Freiburg i. Br.

Anzeigenleitung:
Bettina Haller (verantw.)
Tel.: (07 61) 27 17-456; Fax.: -426
E-Mail: anzeigen@herder.de
Es gilt die Anzeigenpreisliste
Nr. 55 vom 1.1.2024

Die „Herder Korrespondenz" erscheint jährlich mit 12 Monatsausgaben plus 2 Spezialausgaben.

Abonnentenservice:
Verlag Herder
79080 Freiburg i. Br.
Telefon (07 61) 27 17-200
E-Mail: aboservice@herder.de

Druck:
RCDRUCK GmbH & Co. KG, Albstadt-Tailfingen. Gedruckt auf chlorfrei gebleichtem Papier

ISBN: 978-3-451-10272-1
ISBN ebook (PDF): 978-3-451-83382-3

Bildnachweise:
Cover: Ikone des hl. Antonius vom Kiewer Höhlenkloster; alle Ikonen-Abbildungen © Sofia Atlantova und Oleksandr Klymenko, Fotos: Simone Bastreri, Museum am Dom Trier

Georgios Vlantis
„Wenngleich die deutsche Gesellschaft säkularer wird, zeigt sich das Christentum immer bunter."
25

Ioan Moga
„Die ‚Diaspora-Theologie' ist heute eine orthodoxe westliche Theologie."
46

Matthias Vogt
„Die sogenannten altorientalischen Kirchen pflegen eine uralte Tradition."
52

EINFÜHRUNG

Die Orthodoxe Kirche auf dem Weg zur Weltkirche

Gefährdete Einheit

Die Orthodoxe Kirche ist stark ausdifferenziert und wird immer wieder mit Anfragen von innen und außen konfrontiert – was auch, aber nicht ausschließlich mit nationalpolitischen Verwicklungen zusammenhängt. Gerade in der Diaspora finden sich zukunftsweisende Elemente. VON JOHANNES OELDEMANN

Wenn man im deutschsprachigen Raum von der Orthodoxen Kirche spricht, denken die meisten Menschen an Griechenland, Rumänien, Russland, Serbien oder die Ukraine. In der Tat liegen die historischen Wurzeln des orthodoxen Glaubens in diesen Ländern, die einst zum Byzantinischen Reich gehörten oder von dort aus missioniert wurden. Im Englischen wird diese Kirche als „Eastern Orthodox Church" bezeichnet – im Unterschied zu den „Oriental Orthodox Churches", zu denen Armenier, Kopten, Syrer und andere zählen, die nach dem Konzil von Chalcedon (451) getrennte Wege gegangen sind. In beiden Fällen spricht man im Deutschen von „Ostkirchen". Doch diese Bezeichnung trifft eigentlich nicht mehr zu, denn orthodoxe Christen gibt es heute nicht nur in traditionell „orthodoxen" Ländern, sondern in der ganzen Welt. Allein in Deutschland leben mindestens drei Millionen Orthodoxe.

Die Orthodoxe Kirche hat sich im 20. Jahrhundert von einer in einem geografisch begrenzten Kulturraum beheimateten Ostkirche zu einer weltweiten Kirche entwickelt. Damit einher gingen Prozesse der Inkulturation in neue Kontexte, die zu Spannungen innerhalb der Orthodoxen Kirche führen. Die Orthodoxe Kirche ringt derzeit mit ererbten nationalen Prägungen, wieder auflebenden imperialen Ansprüchen und den neuen Herausforderungen eines Lebens in pluralen Gesellschaften. Sie ist nicht nur auf dem Weg zu einer Weltkirche im geografischen Sinn, sondern auch in religionssoziologischer Perspektive – zu einer pluralen, facettenreichen und in sich vielfältigen Kirche.
Orthodoxe Theologen haben ihre Kirche oft als ein Beispiel für die Verbindung von Einheit und Vielfalt beschrieben. Denn zum einen versteht sich die Orthodoxe Kirche als eine Kirche, deren Einheit in derselben Glaubenslehre (formuliert in den Schriften der Kirchenväter und promulgiert von den sieben ökumenischen Konzilien des ersten Jahrtausends), demselben Kirchenrecht (festgehalten in den Kanones der Alten Kirche) und derselben Liturgie (dem byzantinischen Ritus) gründet. Zum anderen besteht diese Kirche aus „autokephalen" (selbstständigen) Kirchen, die grundsätzlich gleichberechtigt sind und in denen der orthodoxe Glaube in verschiedenen gesellschaftlichen Kontexten gelebt und in der Liturgie in unterschiedlichen Sprachen gefeiert wird. Diese autokephalen Kirchen haben das Recht, ihr Oberhaupt (*kephalē*) selbst (*autos*) zu wählen, Bischöfe zu ernennen und in ihrem „kanonischen Territorium" Diözesen zu errichten. Alle autokephalen Kirchen zusammen bilden die eine Orthodoxe Kirche, wobei es innerhalb der Kirche eine bestimmte Rangordnung gibt, die in den „Diptychen" festgelegt ist und bei feierlichen Gottesdiensten der orthodoxen Patriarchen verlesen wird.

An erster Stelle dieser Rangordnung steht traditionell der Bischof der ehemaligen Reichshauptstadt, der Patriarch von Konstantinopel, der auch den Titel „Ökumenischer Patriarch" trägt. Dann folgen zunächst die altkirchlichen Patriarchate (Alexandrien, Antiochien, Jerusalem), danach die neuzeitlichen Patriarchate (Moskau, Serbien, Rumänien, Bulgarien, Georgien), schließlich jene autokephalen Kirchen, deren Oberhaupt nicht den Titel Patriarch trägt, beginnend mit der Orthodoxen Kirche von Zypern, die schon im Jahr 431 als autokephal anerkannt wurde. Es folgen die Orthodoxen Kirchen von Griechenland, Polen, Albanien sowie von Tschechien und der Slowakei (vgl. www.pro-oriente.at/ostkirchen/die-orthodoxe-kirche).

So weit die Theorie. Leider entspricht das Ideal einer „Einheit in Vielfalt" nicht mehr der Realität. Denn zwischen den orthodoxen Kirchen gibt es Spannungen und Streit, sodass ihre Einheit zunehmend gefährdet ist. Die Streitpunkte sind vielfältig. Die wichtigsten sind die Fragen, auf welche Weise einer Kirche die Autokephalie verliehen werden kann, auf welches Gebiet (kanonisches

Johannes Oeldemann, Dr. theol, wurde 1964 geboren und ist Direktor am Johann-Adam-Möhler-Institut für Ökumenik in Paderborn und Leiter des Stipendienprogramms der Deutschen Bischofskonferenz für orthodoxe Theologinnen und Theologen. Forschungsschwerpunkte: Ostkirchenkunde und Ökumene. Er ist auf verschiedenen Ebenen am orthodox-katholischen Dialog beteiligt und seit 2023 römisch-katholisches Mitglied der Kommission für Glauben und Kirchenverfassung des Ökumenischen Rats der Kirchen. Veröffentlichung zum Thema: Die Kirchen des christlichen Ostens, Regensburg, 4. Auflage, 2016.

Foto: Verena Neuhaus

EINFÜHRUNG

Territorium) sich die Autorität einer Kirche erstreckt und welche Vorrechte dem Patriarchen von Konstantinopel als „dem Ersten" in der Rangfolge der Diptychen zukommen.

Die erste Frage ist bereits seit mehr als 50 Jahren virulent: 1970 wurde die „Orthodoxe Kirche in Amerika" vom Moskauer Patriarchat für autokephal erklärt. Diese Erklärung erkannten jedoch die anderen orthodoxen Kirchen nicht an. Versuche, sich auf ein von allen anerkanntes Verfahren zu einigen, scheiterten. Bei der „Heiligen und Großen Synode" der Orthodoxen Kirche, die im Juni 2016 auf Kreta tagte, wurde das Thema ausgeklammert, weil keine Einigung absehbar war. Nach der Synode wurden „Fakten geschaffen": 2019 verlieh das Patriarchat von Konstantinopel der Orthodoxen Kirche in der Ukraine die Autokephalie, 2022 unterzeichnete der Serbische Patriarch den „Tomos" (Urkunde) der Autokephalie für die Orthodoxe Kirche in Nordmakedonien. Das Problem: In beiden Fällen hat nur ein Teil der anderen orthodoxen Kirchen diese Akte anerkannt, sodass nun sowohl die Anzahl der „kanonischen" (offiziell anerkannten) orthodoxen Kirchen als auch ihre Reihenfolge in den Diptychen umstritten ist.

Die zweite Frage nach dem „kanonischen Territorium" einer Kirche wurde vor allem im Blick auf die Ukraine virulent: Nachdem das Gebiet der heutigen Ukraine mehr als 300 Jahre lang zu Moskau gehörte (zunächst zum russischen Zarenreich, später zur Sowjetunion), betrachtet das Patriarchat von Moskau die Ukraine als sein kanonisches Territorium. Nach der politischen Unabhängigkeit der Ukraine entstand in der Ukraine eine Spaltung zwischen denjenigen, die eine unabhängige Orthodoxe Kirche in der Ukraine gründen, und denjenigen, die an der jurisdiktionellen Verbindung mit dem Patriarchat von Moskau festhalten wollten. Moskau gelang es in über 25 Jahren nicht, diese Spaltung zu überwinden. Deshalb intervenierte im Jahr 2018 der Patriarch von Konstantinopel mit dem Ziel, die Orthodoxen in der Ukraine in einer Kirche zusammenzuführen, der er die Autokephalie in Aussicht stellte. Dabei berief er sich darauf, dass die Ukraine zum „kanonischen Territorium" seines Patriarchats gehöre, und erklärte eine Urkunde aus dem Jahr 1686, auf die sich Moskau berief, für null und nichtig.

Das Ziel einer Vereinigung aller Orthodoxen in der Ukraine wurde jedoch nicht erreicht, sodass es heute zwei orthodoxe Kirchen in der Ukraine gibt: die 2018 neu gegründete „Orthodoxe Kirche der Ukraine" (OKU), der 2019 von Konstantinopel die Autokephalie verliehen wurde, und die „Ukrainische Orthodoxe

Sofia Atlantova und Oleksandr Klymenko: Erzengel Michael

Foto: Simone Bastreri, Bischöfliches Generalvikariat Trier

EINFÜHRUNG

Kirche" (UOK), die von Moskau anerkannt ist, sich jedoch aufgrund des Krieges im Mai 2022 von Moskau losgesagt hat und deren kanonischer Status damit derzeit ungeklärt ist.

Die Ukraine stellt jedoch nicht den einzigen Fall dar, in dem orthodoxe Kirchen um das Territorium streiten, für das sie zuständig sind. Auch zwischen Antiochien und Jerusalem oder zwischen Rumänien und Serbien gibt es „Grenzstreitigkeiten". Am eklatantesten zeigt sich der Streit um das kanonische Territorium derzeit in Afrika. Dort hat das Moskauer Patriarchat begonnen, parallele Strukturen zum Patriarchat von Alexandrien aufzubauen, dessen Zuständigkeit für den afrikanischen Kontinent bis vor Kurzem unumstritten war.

Die dritte Frage betrifft die Autorität des Patriarchats von Konstantinopel als des „ersten Sitzes" innerhalb der Orthodoxen Kirche. Konstantinopel beansprucht für sich das exklusive Recht, einer anderen Kirche die Autokephalie zu verleihen. Doch vertreten andere orthodoxe Kirchen die Auffassung, dass dieses Recht der jeweiligen „Mutterkirche" zukomme und Konstantinopel lediglich die Aufgabe habe, den Prozess der Anerkennung in der Gesamtorthodoxie zu koordinieren.

Ein zweiter Streitpunkt ist die Jurisdiktion über die orthodoxe Diaspora: Auch hier beansprucht Konstantinopel unter Berufung auf einen Kanon des Konzils von Chalcedon von 451 die Zuständigkeit allein für sich. Deshalb verbot Konstantinopel zum Beispiel der neu gegründeten Orthodoxen Kirche der Ukraine im Tomos zur Verleihung der Autokephalie ausdrücklich, Gemeinden außerhalb der Ukraine zu gründen. An diesem Beispiel zeigt sich, dass alle drei Fragen (Autokephalie, kanonisches Territorium und Primat Konstantinopels) eng miteinander zusammenhängen.

Während diese innerorthodoxen Streitpunkte allein schon genügend Potenzial bergen, die Einheit der Orthodoxen Kirche zu gefährden, kommen seit 2022 noch äußere Faktoren hinzu, welche die Krise in der Orthodoxen Kirche verschärfen. Hier ist in erster Linie die Unterstützung des Moskauer Patriarchats für den russischen Angriffskrieg gegen die Ukraine zu nennen. Sie hat nicht nur westlichen Beobachtern, sondern auch vielen orthodoxen Christen vor Augen geführt, wie problematisch das enge Verhältnis von Kirche und Staat in vielen orthodoxen Ländern ist. Das Konzept der „Symphonie" von Staat und Kirche, das die byzantinische Epoche geprägt hat, ist mit der Ausrufung eines „heiligen Krieges" gegen die Ukraine und dessen Rechtfertigung durch die Ideologie einer über das Gebiet der Russischen Föderation hinausreichenden „russischen Welt" endgültig diskreditiert. Orthodoxe Theologen diskutieren darüber, ob man den Moskauer Patriarchen deswegen der Häresie beschuldigen sollte. Selbst ohne eine solche Verurteilung ist eindeutig, dass die Orthodoxe Kirche im 21. Jahrhundert schlecht beraten ist, an nationalen oder imperialen Denkmustern vergangener Zeiten festzuhalten.

In dieser insgesamt recht düsteren Stimmung zeichnet sich ein Lichtblick am Horizont ab: Die orthodoxen Christen in der Diaspora scheinen die „Zeichen der Zeit" erkannt zu haben. Sie versuchen, ihre Position in einer pluralen Gesellschaft zu reflektieren und daraus Leitlinien für ein orthodoxes „Ethos" in der Gegenwart zu entwickeln (vgl. das Dokument „Für das Leben der Welt", das 2020 vom Ökumenischen Patriarchat veröffentlicht wurde). Und die orthodoxen Bischöfe in der Diaspora arbeiten trotz der Streitigkeiten zwischen ihren jeweiligen Kirchen in den nationalen beziehungsweise regionalen Bischofsversammlungen, die seit 2009 gegründet und 2016 vom Konzil von Kreta bestätigt wurden, relativ gut und eng zusammen.

Das zeigt sich am Beispiel der „Orthodoxen Bischofskonferenz in Deutschland" (OBKD), der derzeit 17 Bischöfe angehören, von denen 15 in Deutschland leben (vgl. www.obkd.de). Sie tagt zweimal jährlich unter der Leitung des griechisch-orthodoxen Metropoliten *Augoustinos*, dem als Repräsentanten des Ökumenischen Patriarchats in Deutschland der Vorsitz zukommt. Die Orthodoxe Bischofskonferenz in Deutschland kümmert sich unter anderem um eine einheitliche Übersetzung liturgischer Texte ins Deutsche, den orthodoxen Religionsunterricht, der in fünf Bundesländern reguläres Unterrichtsfach ist, oder die ökumenischen Kontakte der Orthodoxen Kirche. Es gibt eine gemeinsame Kommission mit der Deutschen Bischofskonferenz und regelmäßige Treffen mit Vertretern der EKD. Auch in der Arbeitsgemeinschaft Christlicher Kirchen (ACK) in Deutschland ist die Orthodoxe Kirche aktiv und stellt derzeit deren Vorsitzenden.

> Erfreulicherweise ist das Zusammengehörigkeitsgefühl unter den orthodoxen Gläubigen in der Diaspora stärker ausgeprägt als zwischen manchen orthodoxen Hierarchen.

Die zahlenmäßig größte orthodoxe Diözese in Deutschland ist inzwischen aufgrund der vielen Arbeitsmigranten, die die Freizügigkeit innerhalb der Europäischen Union nutzen, die Rumänisch-Orthodoxe Metropolie mit mehr als 800.000 Gläubigen in rund 160 Gemeinden. Aber auch die Griechisch-Orthodoxe Metropolie, die Serbisch-Orthodoxe Diözese und die beiden Diözesen der Russischen Orthodoxen Kirche zählen jeweils mehrere Hunderttausend Gläubige. Deutlich gewachsen ist in den vergangenen Jahren die Zahl der arabischsprachigen Orthodoxen, die in der Antiochenisch-Orthodoxen Metropolie von Deutschland beheimatet sind. Momentan gibt es eine dynamische Entwicklung ukrainisch-orthodoxer Gemeinden, die teils der dem Ökumenischen Patriarchat unterstehenden Ukrainisch-Orthodoxen Eparchie von Westeuropa, teils den beiden orthodoxen Kirchen in der Ukraine angehören.

Erfreulicherweise ist das Zusammengehörigkeitsgefühl unter den orthodoxen Gläubigen in der Diaspora stärker ausgeprägt als zwischen manchen orthodoxen Hierarchen. Das zeigt sich, wenn beispielsweise orthodoxe Russen einen ukrainischen Gottesdienst besuchen, Georgier bei den Griechen zu Gast sind oder Serben und Bulgaren zusammen Liturgie feiern. Auch an der „Ausbildungseinrichtung für orthodoxe Theologie" an der Universität München studieren Männer und Frauen aus verschiedenen orthodoxen Kirchen gemeinsam. Hier wächst zusammen, was zusammengehört. Vielleicht trägt gerade die orthodoxe Diaspora dazu bei, dass die gefährdete Einheit der Orthodoxen Kirche nicht zerbricht, sondern durch die derzeitigen „Wehen" eine neue Lebensform orthodoxen Glaubens „geboren" wird. Sie weiß sich sicherlich dem Erbe der Alten Kirche verpflichtet, ist aber als „Kirche in der Welt von heute" in der gegenwärtigen Kultur und Gesellschaft beheimatet. ∎

STREITGESPRÄCH

Ein Gespräch mit Regina Elsner und Radu Constantin Miron

„Kirchengeschichte findet in der Diaspora statt"

Angesichts des russischen Angriffskriegs auf die Ukraine sehen sich die orthodoxen Kirchen kritischen Anfragen ausgesetzt. Ein Gespräch über Patriarchate und Primatsansprüche, Synodalität und Effizienz, die Diaspora und eine ausbleibende Weltuntergangsstimmung. Die Fragen stellte **HILDE NAURATH**.

Frau Professorin Elsner, die christliche Orthodoxie steht derzeit vor allem durch die enge Verbindung von Staat und Kirche im kriegstreibenden Russland im Fokus der Aufmerksamkeit. Wie bewerten Sie die Haltung der russisch-orthodoxen Kirche mehr als zwei Jahre nach Kriegsbeginn?

Regina Elsner: Die Haltung der russisch-orthodoxen Kirchenleitung ist verheerend. Da weiß ich weder theologisch noch moralisch, wie man das rechtfertigen sollte. Aber ich halte es für essenziell, nicht zu pauschalisieren. Es gibt die Kirchenleitung, die sich viele Jahre lang radikalisiert hat und vor allem in politischer Hinsicht Unsägliches legitimiert. Zu dieser Kirchenleitung gehört in erster Linie Patriarch Kyrill, der seit seinem Amtsantritt die Kirche extrem auf seine eigene Person zentriert und der das Bischofskollegium mit handverlesenen Bischöfen vergrößert hat. Gleichzeitig gibt es eine große Anzahl an Priestern, die das ganze Meinungsspektrum abdecken, angefangen bei denen, die sich gegen die Kirchenführung und gegen den Krieg stellen, bis hin zu Priestern, die alles gutheißen. Wahrscheinlich lässt sich diese Bandbreite übertragen auf alle anderen orthodoxen Kirchen.

Haben sich Wladimir Putin und Patriarch Kyrill zusammengetan, um gegen die sogenannten westlichen Werte vorzugehen?

Elsner: Das war vermutlich nicht von Anfang an geplant. Stattdessen sind die Interessen von zwei sehr machtgierigen Menschen zusammengefallen – und die konservative Wertedebatte passte sehr gut dazu. Die beiden haben wohl festgestellt, dass sie miteinander eine Front bilden können, aus der sie wechselseitig Vorteile ziehen. Sie sind weltweit auch nicht die einzigen, die diese Debatte für ihre Agenda ausnutzen.

Herr Erzpriester Miron, für welche Werte steht vor diesem Hintergrund die griechisch-orthodoxe Kirche?

Radu Constantin Miron: Die gesamte orthodoxe Kirche steht für dieselben Werte. In diesem Fall haben wir eine ganz offensichtliche Abweichung von diesen Werten durch die russisch-orthodoxe Kirchenleitung. Natürlich gibt es historisch bedingte Koalitionen oder Staatsnähe, aber auch ich bezweifle, dass das vom russischen Staat ausgehende Allianzen sind. Dafür ist der staatliche Machtapparat viel zu stark und selbstbezogen. Bei den Werten geht es vor allem um die Auslegung: In der sogenannten russischen Sozialdoktrin steht nämlich, dass man sich verteidigen, aber keinen Angriffskrieg führen darf.

Elsner: Wobei die ganze Wertedebatte sehr neu, sehr modern ist. Wenn man die Kirchen fragt, wer sie sind, was sie ausmacht, nehmen sie kaum Bezug auf etwas Modernes. Sie verweisen auf die Bibel, auf liturgische Vorgaben. Darin finden sich dann wiederum in allen christlichen Gemeinden die gleichen Werte, etwa Nächstenliebe und Frieden. Mit der Frage nach liberalen oder konservativen Werten haben die orthodoxen Kirchen eine moderne Entwicklung aufgenommen. Es gibt in den orthodoxen genau wie in den westlichen Kirchen liberale, progressive Theologien genauso wie radikale Traditionalisten und Extremisten.

In der Sowjetunion wurden die Kirchen noch unterdrückt, nach ihrem Zusammenbruch setzte sich in der russisch-orthodoxen Kirche die Hardliner-Position durch. Welche Rolle spielen Identitätskrisen für die Engführung der Werteagenda?

Miron: Da muss ich zunächst einen Schritt zurückgehen. Ich bin als orthodoxer Christ in Deutschland aufgewachsen. Im Gegensatz zu vielen meiner orthodoxen Zeitgenossen pflegten wir zuhause ein enges Verhältnis zu den kommunistischen Heimatländern. Wir waren dadurch gewohnt, mit einer alternativen, gefakten Wahrheit umzugehen. Mein Vater war

STREITGESPRÄCH

Regina Elsner wurde 1979 geboren und ist seit 2024 Professorin für Ostkirchenkunde und Ökumenik an der Universität Münster. Sie studierte in Münster katholische Theologie und war Mitarbeiterin am Ökumenischen Institut der Katholisch-Theologischen Fakultät. Von 2005 bis 2010 Projektkoordinatorin für die Caritas Russland in St. Petersburg. Von 2017 bis 2023 wissenschaftliche Mitarbeiterin am Zentrum für Osteuropa- und internationale Studien in Berlin.

Radu Constantin Miron wurde 1956 geboren und ist griechisch-orthodoxer Erzpriester. Seit 1983 Pfarrer im Rheinland, von 1990 bis 2022 Lehrer für Orthodoxe Religionslehre. Bischöflicher Vikar, Gefängnisseelsorger, Ökumenereferent der Metropolie von Deutschland; Beauftragter für innerchristliche Zusammenarbeit der OBKD. Seit 2019 Vorsitzender der Arbeitsgemeinschaft Christlicher Kirchen in Deutschland.

Rumäne; in der rumänisch-orthodoxen Kirche galt die Ansage: Die Friedenspolitik von Nicolae Ceaușescu ist einmalig und großartig. Das wurde in vollem bischöflichen Ornat von der Kanzel aus verkündet. Die Orthodoxen waren also das Leben in einer Diktatur durchaus gewohnt – und Russland kann man sicherlich wieder als Diktatur bezeichnen. Wir hatten gehofft, dass sich diese Scheinheiligkeit mit der Wende 1989 ändert, und zwischenzeitlich hatte sich ja auch einiges geändert. Jetzt aber scheint sich die Geschichte zu wiederholen. Natürlich gibt es eine Identitätskrise. Die Kirche und der Staat in Russland setzen an der Suche nach einem ideologischen und metaphysischen Halt an. Und doch habe ich das Phänomen noch nicht verstanden, dass sich ein postkommunistischer Führer den Segen des Patriarchen geben lässt, nach 80 Jahren Atheismus. Wie kommt das? Und warum lässt sich die Kirche darauf ein, trotz Untergrund, trotz Verfolgung und Marginalisierung zuvor? Das ist ein Rätsel für mich.

Elsner: Die Frage stellt sich, aber so rätselhaft ist es gar nicht. Man muss zum einen den Kalten Krieg verstehen und zum anderen die Neunzigerjahre. Auch im Kalten Krieg war die Kirche in Russland nicht homogen. Seit dem Zweiten Weltkrieg war die Kirchenleitung durch den Staat legitimiert. Sie durfte aktiv sein, sie durfte reisen, sie war ein Arm der sowjetischen Außenpolitik in ihrer ökumenischen Tätigkeit, beispielsweise im Weltkirchenrat und auf Friedenskonferenzen. Das waren vom Staat sanktionierte, gelenkte und kontrollierte Tätigkeiten. Dafür durfte es die Kirchenleitung geben. Wen es nicht geben durfte, das waren die einfachen Gläubigen und kirchliche Räume, in denen sich Dissens entwickeln konnte. Der entscheidende Punkt ist nun: Diese Kirchenleitung wurde mit der Wende nicht ausgetauscht. Es gab nie ein Hinterfragen, nie eine Aufarbeitung dieser Vergangenheit.

Miron: Das können nur die Deutschen.

Elsner: Wir haben es zumindest versucht. Die Russen haben es nicht einmal versucht. Patriarch Kyrill ist seit den Siebzigerjahren leitender Mitarbeiter der Auslandsabteilung der Kirchenführung. Natürlich ist es für jemanden wie ihn viel einfacher, im demokratischen Umbruch das Gewohnte weiterzuleben. Die Neunzigerjahre bedeuteten darüber hinaus eine tiefe Krise für die gesamte Bevölkerung Russlands. Denn im

> Elsner: „Der entscheidende Punkt in Russland ist nun: Die Kirchenleitung wurde mit der Wende nicht ausgetauscht."

Unterschied zu all den anderen unabhängig gewordenen Ländern kannte sie keine Vergangenheit ohne Imperium. Man war immer das große Land gewesen, zu dem alle anderen Länder dazugehört hatten. Die Ukraine, Belarus, die Baltischen Staaten wussten, wer sie sind. Russland wusste das nicht. Dieses Identitätsvakuum hat die Kirche erfolgreich zu füllen gewusst, mit Leuten wie Kyrill aus der alten Kirchenleitung. Die Verfolgungssituation in der Sowjetunion diente plötzlich umgekehrt als Legitimation: Wir wissen im Gegensatz zu euch im Westen, wie man mit Verfolgung umgeht. Wir erkennen eine Diktatur, ihr nicht. Das, was ihr jetzt an Werten zu uns bringt, ist genauso totalitär wie damals in der Sowjetunion. Wir müssen dagegen kämpfen, und endlich haben wir einen Präsidenten, der das auch so sieht.

Gleichzeitig ist der Konflikt zwischen dem Moskauer Patriarchat und dem Ökumenischen Patriarchat von Konstantinopel schon jahrhundertealt, spätestens mit der Machtübernahme der Osmanen in Konstantinopel im 15. Jahrhundert beanspruchte Moskau die Vorrangstellung. 2018 brach Patriarch Kyrill die Beziehungen zu Konstantinopel ab. Wie ist dieser Konflikt einzuordnen?

Miron: Die Frage des Vorrangs ist eine endlose Geschichte. Es gibt dabei viele nichttheologische Faktoren. So erscheint im Nachhinein auch die Absage des Moskauer Patriarchats zum Konzil auf Kreta 2016 wie ein Teil des Projekts, es vielleicht doch noch in irgendeiner Form zu schaffen, die Stimme der Orthodoxie zu sein. Zu dieser Frage gehört auch der Tomos von Patriarch Bartholomäus 2019, der neu errichteten Orthodoxen Kirche der Ukraine die Autokephalie und damit Unabhängigkeit vom Moskauer Patriarchat zu verleihen. Wir haben einen mutigen Ökumenischen Patriarchen. Die Orthodoxen denken theologisch in längeren Fristen. Sie sind nicht so pessimistisch wie manche westliche Beobachter, die sagen, das Tischtuch sei endgültig zerschnitten.

Elsner: Ich schätze den Mut von Patriarch Bartholomäus auch sehr. Vielleicht aus jugendlichem Leichtsinn bin ich aber etwas ungeduldiger. Wir leben in einer sehr beschleunigten Zeit. Nicht immer ist es hilfreich, dass die Kirche ihre Perspektive sehr langfristig sieht. Wir sehen in der Kirchengeschichte der Orthodoxie viele Brüche und Abbrüche eucharisti-

STREITGESPRÄCH

Gemeinschaft, die auch immer wieder heilten. Vermutlich hatten wir aber noch nie eine so mutige Entscheidung wie die Anerkennung der Autokephalie in einer so extrem aufgeheizten politischen Situation. Der Krieg Russlands gegen die Ukraine begann schon 2014. Andernfalls hätte es eine gute Chance gegeben, dass sich der Streit der Patriarchate zum Guten entwickelt. Denn 2019 wurde Wolodymyr Selenskyj zum Präsidenten gewählt, der sich in die Kirchenpolitik nicht mehr eingemischt hat. Die ukrainische Orthodoxie hätte ein extrem gutes Beispiel geben können, wie orthodoxe Kirchen in einer modernen pluralen Gesellschaft friedlich miteinander leben können. Aber es gab schon den Krieg. Und natürlich hat Russland diese Anerkennung der Autokephalie ausgenutzt, um daraus eine weitere Kriegslegitimation zu ziehen. Putin und Kyrill argumentieren beide, dass in der Ukraine Gläubige verfolgt werden, dass eine politische Fake-Kirche gegründet wurde. Russland hat aus der mutigen Entscheidung das Recht abgeleitet, noch stärker in der Ukraine einzugreifen. Dadurch wurde viel Unheil wenn nicht verursacht, so doch verstärkt. Hätte man das nicht voraussehen können?

Miron: Aber was wäre die Alternative gewesen? Man weiß es nicht. Auch das Ökumenische Patriarchat hatte sich 2018 beim Vereinigungskonzil der ukrainischen orthodoxen Kirchen in der Kiewer Sophienkathedrale andere Zahlenverhältnisse vorgestellt; stattdessen boykottierten es die Unterstützer des Moskauer Patriarchats. Die Ukraine ist ein Land in einem Überlebenskrieg. Man kann von außen sehr leicht den Stab brechen.

Herr Miron, Sie haben das Konzil von 2016 erwähnt, die „Große und Heilige Synode" der Orthodoxie mit zehn teilnehmenden orthodoxen Kirchen. Die russisch-orthodoxe Kirche war damals schon nicht mehr dabei. Die Ergebnisse 2016 waren umstritten. Welche Früchte der Synode sehen Sie heute?

Miron: Umstritten ist nicht das richtige Wort. Man stellte die Legitimität infrage. Schwierigkeiten hatte vor allem der Synodalausschuss der Kirche in Russland. Er war an den Vorbereitungen beteiligt gewesen und konnte nun kaum Texte schlechtreden, an denen er jahrzehntelang mitgearbeitet hatte. Stattdessen versuchte er, das gesamte Konzil zu delegitimieren. Beispielsweise wurde die russische Übersetzung infrage gestellt. Dann mussten in der letzten Nacht noch alle Papiere unterschrieben werden; manche Delegationen saßen allerdings schon im Flugzeug. Aber das ganze Prozedere war im Vorfeld bereits geklärt worden. Man hatte wohl in Russland nicht damit gerechnet, dass Bartholomäus tatsächlich sagen würde, der Zug steht auf dem Gleis, wir fahren ab.

Elsner: Kreta hat gezeigt, dass es eine Krise im synodalen Selbstverständnis der Orthodoxie gibt. In der katholischen Kirche betonen wir gerne, wie sehr wir die Synodalität der Orthodoxie schätzen; und die Orthodoxie hält uns Katholiken gerne vor, wie wenig synodal wir sind. Das Verhältnis von Synodalität und Primat ist eines der größten Hindernisse im ökumenischen Dialog. Spätestens seit Kreta zeigt sich aber, dass die Kommunikationsstrukturen in der Orthodoxie nicht funktionieren. Es gibt keine gute, schnelle Möglichkeit, dass die orthodoxen Kirchen bei Themen, die alle betreffen, gut miteinander reden. Kreta arbeitete mit vorbereiteten Texten. Das stellt den demokratischen Impuls infrage: Wie viele divergierende Meinungen kann man dann noch einbringen? Angesichts von Russlands Krieg nun vermisse ich die starke Stimme der orthodoxen Kirchen. Bartholomäus ist eine gute und eine laute Stimme, Gott sei Dank. Er hat verdeutlicht, dass es andere Positionen gibt als die von Patriarch Kyrill. Aber er ist eine von 15, 16 Stimmen. Es gibt keine Möglichkeit, dass alle orthodoxen Stimmen sagen: Diese Position ist falsch. Man darf mit dem orthodoxen Glauben so einen Krieg nicht rechtfertigen.

Miron: Die Kirchen hatten ein neues Instrument geschaffen: die Gipfeltreffen der Patriarchen, Synaxis genannt. Der Weg zu einem Konzil war möglich geworden. Die Absage der Russen an Kreta war dann keine theologische Absage, und 2018 riss der Faden endgültig ab.

Die Reizworte sind gefallen: Synodalität und Papsttum, Demokratie und Nationalismus. Herr Miron, wie beschreiben Sie die Lage der orthodoxen Kirchen?

Miron: Wir erleben eine Zentralisierung der kirchlichen Machtstrukturen, die die grundsätzlich schöne Idee der Synodalität aushöhlt, in Russland und auch in anderen autokephalen Kirchen. Aber offensichtlich kann auch ein Papst nicht per Dekret oder Unterschrift Veränderungen größeren Ausmaßes einfach so beschließen. Im Juni fand die hochrangige Friedenskonferenz zur Ukraine in der Schweiz statt. Patriarch Bartholomäus hat in Gefährdung seines Status als türkischer Staatsbürger das gemeinsame Communiqué unterschrieben. Seine Unterschrift löste in der Türkei großen Ärger bis hin zu Demonstrationen aus: Er solle endlich ausgewiesen werden. Für mich war es fast noch skandalöser, dass der Heilige Stuhl das Communiqué nicht unterschrieben hat. Mir hat ein Vertreter erklärt, dass der Heilige Stuhl nur Beobachterstatus hat und es im Übrigen doch gut sei, im Gespräch mit Russland zu bleiben. Das bereitet mir große Schwierigkeiten. Niemand bestreitet die Wichtigkeit eines humanitären Geiselaustausches und einer Gefangenenbefreiung. Hier aber ging es um ein Zeichen an die Adresse Moskaus. Und eben weil es einen Papst gibt, der das Sagen hat – oder hätte haben können –, hätte man sich gewünscht, dass der Vatikan etwas sensibler mit dem Thema umgeht. Letztlich ist das Ergebnis mit Blick auf Effizienz ähnlich. Wenn 15 Kirchenvorsteher an einem Tisch sitzen, ist es schwierig, zu einem Konsens zu kommen. Aber auch, wenn nur einer entscheidet, gibt es nicht unbedingt ein Ergebnis.

> **Miron:** „Wir erleben eine Zentralisierung der kirchlichen Machtstrukturen, die die grundsätzlich schöne Idee der Synodalität aushöhlt."

STREITGESPRÄCH

Elsner: Mit Blick auf das Verhältnis von Synodalität und Primat sieht man sehr deutlich, dass alle christlichen Kirchen ihre Schwierigkeiten haben. Ich beziehe auch die evangelischen Kirchen mit ein. Die Fragen zur Mitbestimmung oder zum Taufpriestertum aller Gläubigen stellen sich überall. Alle suchen, alle probieren aus, alle machen Fehler. Viele Ideen funktionieren gut, wenn die Menschen vor Ort in den Gemeinden zusammenkommen. Aber hier geht es um internationale Strukturen, die weit weg sind von dem, was die Menschen in unterschiedlichen Gesellschaften beschäftigt. Wir haben in der katholischen Kirche in Deutschland den Vorteil, dass wir eine viel freiere Entwicklung vorantreiben können als die katholische Kirche in Polen oder in Argentinien, obwohl auch wir uns mit Rom reiben. Die Orthodoxie dagegen propagiert Synodalität und gleichzeitig sehen wir, wie unterschiedlich zentralisiert, teilweise autoritär die Kirchen auf Landesebene geführt werden. Teilweise ist das viel näher an einem päpstlichen Primatsanspruch als das, was wir als katholische Kirche in Deutschland erleben. In all diesen Konstellationen suchen sich Personen heraus, was ihnen ins Konzept passt. Dadurch ergibt sich die starke Polarisierung.

Frau Elsner, bezüglich der vatikanischen Vermittlungsbemühungen im Krieg gegen die Ukraine haben Sie sich ebenfalls kritisch geäußert. Sie werfen dem Vatikan mangelnde Expertise vor, weil er nicht sieht, dass die Religion nur Teil der Lösung sein kann, wenn sie nicht Teil des Problems ist.

Elsner: Der Vatikan versucht, Neutralität zu wahren, um mit Russland im Gespräch zu bleiben. Dadurch verrät er aber die eigenen, vor allem die ukrainischen Gläubigen. Er macht sich unfähig, eindeutige Solidarität mit den ukrainischen Gläubigen und dem ukrainischen Volk zu zeigen. Ich würde mir vor allem wünschen, dass der Vatikan den Menschen zuhört, die diesen Krieg täglich erleben und erleiden. Der Papst empfängt ukrainische Gläubige, zeigt die ukrainische Flagge oder erhält von Selenskyj Ikonen aus dem Krieg. Das sind schöne Gesten, aber sie reichen nicht. Die griechisch-katholische Kirche ist regelmäßig in Rom. Sie berichtet, was dieser Krieg tagtäglich für sie bedeutet. Es kommt nichts davon auf der Ebene der Stellungnahmen und der Diplomatie an. Der Vertrauensverlust des Vatikans in der Ukraine ist enorm. Er wurde nun ein bisschen aufgefangen dadurch, dass im Sommer griechisch-katholische Priester aus russischer Gefangenschaft auch durch Vermittlung des Vatikans freigekommen sind. Aber die Menschen nehmen sehr genau wahr, dass der Vatikan sich alle Türen nach Moskau offenhält, obwohl es in Moskau offensichtlich kein Interesse gibt, darauf in irgendeiner Weise einzugehen.

Miron: Die Griechisch-Katholischen sind die Romtreuesten in der Ukraine. Ihre Lage ist auch deswegen tragisch, weil sie wegen dieser extremen Rombindung im Kommunismus gelitten haben. Es ist klar, dass die Leitung einer Weltkirche immer das große Ganze im Sinn haben muss. Aber für diese Menschen ist das eine Tragödie. Als Ökumeniker muss ich sagen, dass dieses Verhalten auch ökumenisch im Land selbst und außerhalb kontraproduktiv ist.

Elsner: Bereits in sowjetischer Zeit hatte der Vatikan ökumenische Kontakte mit Moskau gepflegt, während gleichzeitig die eigenen Gläubigen in der Ukraine verfolgt wurden. Daran erinnern sich die Menschen. Ein weiteres Beispiel ist Belarus. Dort sind Katholiken und orthodoxe Gläubige sehr enttäuscht, dass die diplomatischen Vertretungen des Vatikans gerne mit Aljaksandr Lukaschenko und seinen Diplomaten Sekt trinken und gleichzeitig werden belarussische gefangene Priester und Gläubige nicht befreit; viele Katholiken sitzen in Belarus in Gefangenschaft. Der Vatikan schweigt dazu. Für die Gläubigen wiederholt sich ein Trauma aus der Geschichte. Ich habe nicht den Eindruck, dass der Erfolg der Diplomatie das aufwiegt.

Herr Miron, die orthodoxen Kirchen in Deutschland wachsen auch durch Geflüchtete, die wegen ihres Glaubens verfolgt wurden. Wie wirkt sich das aus?

Miron: Die orthodoxe Kirche hierzulande ist eine Migrationskirche. Vor nicht allzu langer Zeit dachten wir, dass wir ein bestimmtes Level an Sesshaftigkeit erreicht haben und die Integration losgehen kann. Stattdessen fangen wir wieder bei null an mit Menschen, die buchstäblich mit ihren Koffern am Bahnhof stehen – nicht nur geflüchtete Ukrainer, sondern vor allem Migranten aus Rumänien und Bulgarien. Zuvor kamen syrische Christen. Dadurch entsteht eine Situation, die für Orthodoxe zuhause nicht üblich ist: Es gibt verschiedene orthodoxe Kirchtümer nebeneinander. Wir stellen nun konkret Räumlichkeiten zur Verfügung, helfen bei Gemeindegründungen und strukturellen Fragen.

Wie sieht das vor Ort aus?

Miron: Das gestaltet sich recht chaotisch. Für die Situation der orthodoxen Christen nach dem Zweiten Weltkrieg war genau das gleiche Chaos kennzeichnend. Denn alle gingen davon aus, dass sie nur kurz bleiben und dann wieder nach Hause gehen würden. Die Griechen haben irgendwann gesagt: Bis wir nächstes Jahr zurückgehen, können wir doch noch eine Kirche bauen und Strukturen schaffen. So ähnlich läuft das bei den anderen Kirchen nun auch. Wir verhelfen zu Kontakten zur römisch-katholischen Kirche und den evangelischen Landeskirchen. Die griechisch-katholischen Kollegen aus der Ukraine sind gar nicht so glücklich darüber, dass die Orthodoxie so stark unterstützt wird, sie fühlen sich als die richtigen Kirchenangehörigen der Ukraine. Die ukrainisch-orthodoxe Kirche gründet eine Gemeinde nach der anderen. Sie hat inzwischen festgestellt, dass es nicht reicht, wenn ein gestrandeter Priester irgendwo aufschlägt und sagt: Hier bin ich, sondern dass Strukturen erforderlich sind. Die autokephale Kirche ist allerdings durch den Tomos daran gehindert, im Ausland Gemeinden zu gründen. Deswegen haben wir als

> **Elsner:** „Der Vatikan versucht, Neutralität zu wahren. Dadurch verrät er aber die eigenen, vor allem die ukrainischen Gläubigen."

STREITGESPRÄCH

Orthodoxe Bischofskonferenz an die ukrainischen Metropoliten Onufrij und Epiphanius einen Brief mit vielen Fragen geschrieben. Die Antworten lassen auf sich warten.

Die orthodoxe Diaspora ist weitgehend nach nationalen Kategorien strukturiert: Griechen, Russen, Serben, Rumänen, Bulgaren haben jeweils eigene Diözesen. Spielt die Religion oder doch mehr die gemeinsame Kultur und Sprache eine Rolle?

Miron: Wir sind Menschen, die einen Überlebenswillen und eine Überlebenserfahrung haben. Deswegen haben sich weltweit orthodoxe Bischofskonferenzen gegründet. Selbst die russische Kirche in Deutschland hat nach ihrem Rückzug 2018 aus der Bischofskonferenz erkannt, dass man gemeinsam anders auftritt. Ein einfaches Beispiel ist eine sonntägliche Gottesdienstübertragung im ZDF, die mittlerweile als gewachsenes Recht zugestanden wird und nicht nur als Gnadenakt der beiden hierzulande großen Konfessionen. Es ist auf vielen Ebenen, sowohl kirchlichen als auch staatlichen, hilfreich, dass es Strukturen wie die Bischofskonferenz gibt, die nicht nur eine der orthodoxen Diözesen, sondern die Orthodoxie in Deutschland insgesamt repräsentiert.

Elsner: Natürlich besteht immer die Gefahr, dass sich die Konflikte zwischen den Ursprungsländern wiederfinden in den Gemeinden in der Diaspora. Wir sehen es vor allem an dem nicht ganz reibungsfreien Ankommen der Ukrainer. Sie stehen vor der Frage, ob sie in Kirchen des Moskauer oder des Ökumenischen Patriarchats unterkommen oder neue Gemeinden gründen. In all diesen Gemeinden, auch in katholischen und evangelischen, spielt auf einmal dieser politische Konflikt eine Rolle. Sie müssen überlegen, ob sie Ukrainer und Russen an einen Tisch setzen. Funktioniert das für die Menschen vor Ort, oder sind die Gräben zu tief und die Traumata zu groß?

Miron: Wenn man den Blick weitet, zeigt sich, dass bereits tiefergehende Veränderungen stattfinden. Um ein etwas makabres Beispiel zu nennen: In der Kirche in Rumänien dürfen Feuerbestattungen unter keinen Umständen einen kirchlichen Segen erhalten, laut einem Beschluss von 1928, der unverändert Gültigkeit hat. Hierzulande stellte der rumänische Bischof fest: Eine beträchtliche Anzahl an Gläubigen will eine Feuerbestattung mit kirchlicher Begleitung haben. Seine Kirche fand dann pastorale Möglichkeiten, die ohne unsere koordinierende Bischofskonferenz schlecht oder gar nicht möglich gewesen wären. Das ist eine richtige Entwicklung. Auf Kreta wurden die Bischofskonferenzen in der Diaspora geregelt. Wir haben damals allerdings gesagt, dass das ein vorübergehender Zustand sei, auf den wir nicht stolz sind. Wir sind höchstens stolz darauf, dass wir eine Zwischenlösung auf den Weg gebracht haben.

Frau Elsner, Sie haben sich jahrelang für aus Russland geflüchtete LGBTQ-Menschen eingesetzt. Wie haben die Gemeinden hierzulande auf diese Geflüchteten reagiert, egal, welcher Konfession?

Elsner: Die Themen sexuelle Orientierung und geschlechtliche Identität besitzen in den orthodoxen und katholischen Kirchen offensichtlich großes Konfliktpotenzial. Ich habe in meiner Arbeit viele gläubige Geflüchtete erlebt, die mit großer Erleichterung wahrgenommen haben, dass christliche Gemeinden offen und gastfreundlich für Menschen sind, die nicht nach heteronormativen Vorstellungen leben. Da bietet die Ökumene in Deutschland wieder einen sehr großen Vorteil. Natürlich erleben queere Gläubige diese Menschenfreundlichkeit hauptsächlich in evangelischen, teilweise auch in katholischen Gemeinden. Es ist aber schön zu sehen, wie die Ökumene auch hier auf alle Kirchen zurückwirkt. Die Orthodoxe Bischofskonferenz hat einen bemerkenswerten Brief zum Thema Sexualität verfasst, der mit der Betonung der freien Verantwortung in den Heimatländern genauso unmöglich wäre wie die Frage der Feuerbestattung.

Miron: Kurzer, bekräftigender Zwischenruf: Der Brief ist in alle relevanten Sprachen übersetzt worden. Erstaunlicherweise ist der Shitstorm ausgeblieben. Auch aus den Mutterkirchen gab es keinen beleidigten Aufschrei, sondern es hat Würdigungen gegeben. Im 21. Jahrhundert findet Kirchengeschichte in der Diaspora statt. Und die Diaspora bietet eine Stelle des Kontaktes und des Dialogs, konträr zu einem Land mit 80 bis 95 Prozent einer einzigen Kirchenzugehörigkeit. Die Diaspora ermöglicht ein Miteinander, beispielsweise in der Arbeitsgemeinschaft christlicher Kirchen. Und so stellt sich auch die Frage der sexuellen Orientierung im ökumenischen Miteinander, im gesellschaftlichen Diskurs anders als im Heimatland. Wir Geistlichen sitzen dabei auch zwischen den Stühlen. Vielleicht ist gerade das unsere Aufgabe.

Gilt das auch für die sogenannte Frauenfrage? Das Griechisch-Orthodoxe Patriarchat von Alexandrien und ganz Afrika hat im Mai in Harare eine Diakonin geweiht. Wie definiert die griechisch-orthodoxe Kirche die Gleichberechtigung der Geschlechter?

Miron: Auch darauf hat uns die Ökumene gestupst, in der Tagung von Rhodos, die vor etwa 40 Jahren vom Weltkirchenrat organisiert wurde. Es saßen autokephale Kirchen am Tisch und einige Pionierinnen, die für die Frauenordination plädiert haben. Es wurde definiert: Was ist das Problem? Gibt es historische Gründe dagegen? Es hat keine historischen Gründe gegeben, es hätte sie aber geben können. Oder gibt es theologische, ontologische Gründe? Das Ergebnis war ein typisches ÖRK-Ergebnis: Das eine gilt, aber das andere ist auch nicht unwichtig. Der konziliare Prozess der Vorbereitung des Großen Heiligen Konzils auf Kreta hat, zumindest was die Diakoninnenweihe betrifft, Schleusentore geöffnet. Alexandrien hat sich ausdrücklich auf Kreta berufen. Es gab erstaunlich wenig Reaktionen, die das Ende der Orthodoxie oder der Welt gesehen haben. Vielleicht war es ein Kairos, ein Moment, der bleibt. Was die Weihe der Frau zum Priester betrifft, da lassen wir den Katholiken den Vortritt. ∎

> Miron: „Wir Geistlichen sitzen auch zwischen den Stühlen. Vielleicht ist gerade das unsere Aufgabe."

AUSGANGSPUNKT

Das Ökumenische Patriarchat von Konstantinopel

Ein Erster unter Gleichen

Unter den Patriarchaten der Orthodoxie nimmt das Patriarchat von Konstantinopel einen besonderen Rang ein. Mehrere Entwicklungen in der Kirchengeschichte haben diesen Bischofssitz gestärkt. Dabei ist diese Vorrangstellung längst nicht nur als reiner Ehrentitel zu verstehen. **VON GRIGORIOS LARENTZAKIS**

Das Ökumenische Patriarchat nimmt in der Rangordnung der Orthodoxen Patriarchate und der Orthodoxen Autokephalen Kirchen als *primus inter pares* die erste Stelle ein, mit besonderen Aufgaben, Diensten und Rechten für die Gesamtorthodoxie. Seine Rolle beschreibt der römisch-katholische Theologe *Wilhelm de Vries* folgendermaßen: „Dieses Patriarchat ist ‚Haupt und Zentrum' der Orthodoxie und hat für sie wie keine andere Kirche gelitten. Man kann seine Bedeutung für die Orthodoxie nicht auf einen bloßen Ehrenprimat reduzieren. Das würde einfach den Tatsachen widersprechen" (Geleitwort zur deutschen Ausgabe, in: Metropolit *Maximos von Sardes*, Das Ökumenische Patriarchat in der Orthodoxen Kirche. Auftrag zur Einigung, Freiburg 1980, 5).

Auf orthodoxer Seite formuliert *John Meyendorf*: Die jahrhundertelange Kirchengeschichte habe in zahlreichen konkreten, kritischen Fällen gezeigt, dass das Ökumenische Patriarchat in seiner gesamtorthodoxen Rolle hilfreich war und ihm deshalb auch die verschiedenen Kirchen dankbar waren. Meyendorfs Feststellungen spiegeln die anerkannte Position des Ökumenischen Patriarchates wider, ebenso, wenn er hinzufügt, dass es eine konkrete Verantwortung für die Gesamtkirche als ein „Zentrum des Konsensus" trägt. Sicherlich sei diese Rolle nicht die eines orthodoxen Papstes, betont Meyendorf zu Recht. Jedoch, stellt er weiter fest, „die orthodoxe Position erkennt die Notwendigkeit einer Führung (*leadership*) im orthodoxen Episkopat, die Notwendigkeit der Ausübung eines offiziellen Sprechers (*spokesmanship*) seitens des ersten Patriarchen, die Notwendigkeit eines Koordinationsorgans, ohne dass jede Auffassung von Synodalität innerhalb der Orthodoxie ohne Bedeutung wäre".

Meyendorf betont somit bereits vor rund 45 Jahren und gleichzeitig mit hoher Aktualität, dass „in den heutigen chaotischen Jahren die Orthodoxe Kirche von der weisen, objektiven und authentischen Führung des Ökumenischen Patriarchates Gebrauch machen muss". Und seine Schlussfolgerung lautet, „dass die Orthodoxe Kirche das Ökumenische Patriarchat braucht" (The Orthodox Church, Band 14, Syosset [New York] 1978, 4).

Gründung und Weiterentwicklung der Kirche von Konstantinopel

Als Gründer der Kirche von Konstantinopel gilt der Apostel Andreas, der das Gebiet missioniert hat. Aus diesem Grunde ist das Fest des heiligen Andreas am 30. November das Patronatsfest des Ökumenischen Patriarchates.

Nach liturgischen und eucharistischen Versammlungen bildeten sich in der Kirche nach und nach organisatorische Strukturen heraus, zunächst Kirchengemeinden und regionale Einheiten mit diözesanen Formen und schließlich Metropolitan-Einheiten mit Regionalsynoden, an deren Spitze der Metropolit steht. Zudem haben sich überregionale kirchliche Einheiten gegründet, die verwaltungsmäßig voneinander unabhängig beziehungsweise autonom waren. Hierin gründet eine liturgische Vielfalt. Sie bildet den Ausgangspunkt der autokephalen Kirchen, die später als Patriarchate bekannt wurden.

Die erste gesamtkirchliche Regelung wurde durch das Erste Ökumenische Konzil von Nizäa (325) beschlossen. Kanon 6 bestimmte, dass die größeren kirchlichen Regionen mit den kirchlichen Zentren Rom, Alexandrien und Antiochien in ihrer Verwaltung Autonomie erhalten. Der Text lautet: „Der alte Brauch für Ägypten, Libyen und die Pentapolis soll beibehalten werden, wonach der Bischof von Alexandrien die Jurisdiktion über alle (diese Provinzen) ausübt; denn auch für den Bischof von Rom gilt der gleiche Brauch. Ebenso sollen auch der Kirche von Antiochien und den anderen Eparchien ihre althergebrachten Rechte gewahrt bleiben."

Es ist eindeutig, dass die Jurisdiktion der Kirche polyzentrisch in autonomen Regionen und synodal verwirklicht wird.

Konstantinopel – das „Neue Rom"

Nach der Gründung Konstantinopels als neuer Regierungssitz des Imperium Romanum, also des ganzen Römischen Reiches, durch Kaiser *Konstantin* gewann auch die Kirche der neuen Hauptstadt hohes Ansehen und Privilegien. Das Zweite Ökumenische Konzil von Konstantinopel (381) gewährte ihr deswegen Ehrenrechte, da Konstantinopel als das „Neue Rom" galt, das heißt als neue Hauptstadt (Kanon 3), die den zweiten Rang nach Rom einnimmt. Seitdem existieren die vier wichtigsten autonomen christlichen Zentren: Rom, Konstantinopel, Alexandrien und Antiochien.

Damit wurde die Kirche von Konstantinopel aber nicht gegenüber Rom oder Alexandrien überhöht. Das war auch nicht der Keim der späteren Spaltung zwischen der Ost- und der Westkirche. Es war eine historische Entwicklung innerhalb des Imperium Romanum für die neue Hauptstadt Konstantinopel. Es gab keine Proteste; weder aus Rom noch aus Alexandrien. Unter Berufung auf Kanon 3 des Konzils von Konstantinopel (381) gewährte das Vierte Ökumenische Konzil von Chalcedon (451) durch Kanon 28 der Kirche von Konstantinopel die gleichen Ehrenrechte wie der Kirche von Rom und erweiterte die Jurisdiktion von Konstantinopel: „Denn mit Recht haben sie es für billig gehalten, dass die Stadt, die durch die Anwesenheit von Kaiser und Senat geehrt wird und die gleichen Vorrechte genießt wie die alte Kaiserstadt Rom, auch in kirchlichen Dingen erhöht wird; so ist sie (die Kirche von Konstantinopel) der Reihe nach an zweiter Stelle nach dem alten Rom. Deshalb sollen aus den Diözesen Pontos, Asien und Thrazien nur die Metropoliten, in den von den Barbaren besetzten Teilen der genannten Diözesen aber auch die Bischöfe durch den Heiligen Stuhl von Konstantinopel geweiht werden."

Das Vierte Ökumenische Konzil verlieh zugleich der Kirche von Jerusalem den Status einer autonomen Kirche. So wurde die Struktur der Kirche durch die Bestätigung von fünf christlichen Zentren mit ihren Jurisdiktionsgebieten, die als Patriarchate bekannt sind, in der Form der Pentarchie beschlossen. Auch die Rangordnung wurde bestimmt: Rom, Konstantinopel, Alexandrien, Antiochien und Jerusalem.

Diese Struktur wurde von allen Kirchen des Ostens und des Westens akzeptiert und auf den Ökumenischen Konzilien immer wieder als Kriterium der synodalen Entscheidungsfindung sowohl für dogmatische als auch disziplinäre und strukturelle Angelegenheiten zugrunde gelegt. Diese Struktur der Pentarchie kam also bei den späteren gemeinsamen und von Osten und Westen anerkannten Ökumenischen Konzilien zur Anwendung, bis hin zum siebten Ökumenischen Konzil von Nizäa (787), und darüber hinaus auch auf dem noch nicht gemeinsam anerkannten achten Ökumenischen Konzil von Konstantinopel im Jahre 879/880. Es war jeweils die Vertretung aller fünf Patriarchate des Ostens und des Westens erforderlich. Es wurde immer wieder festgestellt, dass Entscheidungen von allen fünf Patriarchaten der Pentarchie getragen wurden.

Dass nur die Struktur der Ostkirche durch Patriarchate geregelt ist, während im Westen die Papstkirche mit der Papsttumsdoktrin organisiert wurde, ist also eine Behauptung, die nicht der historischen Realität entspricht. Die Kirche von Rom bildete eins der fünf Patriarchate, sie gehörte bewusst der Pentarchie an.

Deshalb ist die Wiedereinführung des von Papst *Benedikt XVI.* abgelegten Titels „Patriarch" für den Bischof von Rom durch Papst *Franziskus* sehr bedeutsam (vgl. HK, August 2024, 20–22). Denn damit will Franziskus die Kirche von Rom in die altbewährte Struktur der Pentarchie zurückführen. Diese Handlung hat eine eminente ökumenische Bedeutung, denn sie wird als die Wiedereinführung der Position des Bischofs von Rom als *primus inter pares* in der Gesamtkirche Christi, in der Struktur der Pentarchie, verstanden.

Das Ökumenische Patriarchat in der Gesamtorthodoxie

Es gab eine Entfremdung und Unterbrechung der *communio* zwischen der Ost- und Westkirche, jedoch erfolgte nie ein offizielles Großes Schisma durch gegenseitige Exkommunikation. So kam innerhalb der Gemeinschaft der orthodoxen Kirchen dem zweiten Bischofssitz des ersten Jahrtausends, dem Ökumenischen Patriarchen von Konstantinopel, naturgemäß der erste Rang zu, den er bis heute innehat und ausübt, und zwar als *primus inter pares*. Der ökumenische Patriarch ist der *primus*, der erste, nicht der höchste; die anderen Patriarchen oder Erzbischöfe stehen nicht unter seiner Jurisdiktion. Auch der Titel „Ökumenischer Patriarch" bedeutet keineswegs „ökumenische Jurisdiktionsgewalt", er ist kein Papst der Orthodoxie. 1453 wurde Konstantinopel von den Türken erobert. Der Sultan bestellte den Ökumenischen

AUSGANGSPUNKT

Grigorios Larentzakis, Dr. orth. theol., Dr. kath. theol., wurde 1942 in Kreta geboren und war von 1987 bis 2007 Professor für Orthodoxe Theologie an der Universität Graz. Er ist unter anderem Mitglied der Stiftung Pro Oriente und mehrerer ökumenischer Organisationen.

AUSGANGSPUNKT

Patriarchen zum Ethnarchen, zum Führer aller orthodoxen Völker, und stattete ihn mit Privilegien und Rechten innerhalb des osmanischen Reiches aus. Das Ökumenische Patriarchat erlebt bis heute eine Geschichte mit Höhen und Tiefen, die von den politischen Entwicklungen in der Türkei stark beeinflusst wird.

In der Geschichte niemals bloß ein Ehrentitel

Die Stellung des Ökumenischen Patriarchen als primus inter pares bloß als Ehrenprimat ohne jegliche gesamtorthodoxe Aufgaben und Rechte zu bezeichnen, entspricht jedoch weder den Entscheidungen der Konzilien noch der jahrhundertealten diachronen Praxis. Der Patriarch handelt synodal in Verbindung mit der gemeinsamen Synode und einvernehmlich mit den orthodoxen Schwesterkirchen, auch durch die Einberufung von Panorthodoxen Konferenzen und von erweiterten Sondersynoden. Schließlich kann das Ökumenische Patriarchat auch Panorthodoxe Synoden einberufen, wie im Juni 2016 auf Kreta. Diese gesamtorthodoxen Möglichkeiten und Rechte können von keiner anderen orthodoxen autokephalen Kirche wahrgenommen werden. Die historischen Fakten sprechen für sich.

Es gibt viele Entscheidungen des Bischofs von Konstantinopel und des Ökumenischen Patriarchates im ersten und im zweiten Jahrtausend sowohl innerhalb als auch außerhalb der strengen jurisdiktionellen Grenzen, wenn diese erforderlich waren und von den anderen Kirchen gewünscht wurden. So können Ortskirchen und kirchliche Personen an den Bischof von Konstantinopel ein Ersuchen richten (Appellation), wenn sie sich innerhalb der eigenen Kirche benachteiligt fühlen oder ihr Recht nicht bekommen haben (Kanon 9 und 17 des 4. Ökumenischen Konzils von Chalcedon). Auch die Patriarchen der besetzten Gebiete im Osten suchten immer wieder Zuflucht in Konstantinopel, in dem sie zeitweise lebten und von wo aus sie ihre Kirchen regierten, teilweise mit Unterstützung des Ökumenischen Patriarchen. Historisches Faktum ist auch, dass im zweiten Jahrtausend das Ökumenische Patriarchat aufgrund seiner Stellung allen orthodoxen autokephalen Kirchen die Autokephalie gewährte.

Die meisten der heutigen Schwesterkirchen standen, bevor sie autokephal wurden, unter der Jurisdiktion des Ökumenischen Patriarchates, das ihre Selbstständigkeit und Autokephalie kirchenrechtlich gewähren und bestätigen musste. Damit wurde sein Jurisdiktionsgebiet immer kleiner. Diese Praxis zeigt, dass eine polyzentrische ekklesiologische Entwicklung von autokephalen Kirchen in einem synodalen System möglich ist. Aus ursprünglichen „Tochterkirchen" entstanden durch die „Mutterkirche" gleichwertige „Schwesterkirchen" in einer kirchlichen und sakramentalen Communio, ohne dass die Notwendigkeit einer panorthodoxen synodalen Genehmigung oder Bestätigung von anderen Kirchen bestand.

Diese Schwesterkirchen sind: die Patriarchate von Moskau, Serbien, Rumänien, Bulgarien, Georgien, die Autokephale Kirche von Griechenland, die Autokephale Kirche Polens, die Autokephale Kirche von Albanien, die Autokephale Kirche von Tschechien und der Slowakei, die Autokephale Kirche in der Ukraine.

Die Jurisdiktion des Ökumenischen Patriarchates erstreckt sich über die Türkei hinaus noch auf Griechenland (Kreta, Dodekanes, die Mönchsrepublik auf dem Berg Athos), nordgriechische Diözesen (vorläufig und bis auf Weiteres unter der Jurisdiktion der Kirche von Griechenland durch eine Regelung von 1928), Mittel- und Westeuropa, Kanada, Nord- und Südamerika, Australien, Neuseeland, China, Panama, Hongkong, Korea, und andere. Der Sitz des Ökumenischen Patriarchates befindet sich weiterhin im heutigen Istanbul.

Erster Vorschlag für einen Kirchenbund

In der ökumenischen Bewegung war das Ökumenische Patriarchat federführend. Das theologische Grundprinzip für die Wiederherstellung ist Einheit in Vielfalt auf der Basis desselben Glaubens. Als Vorbild dient die Gemeinschaft des Dreieinigen Gottes. Zu einer positiven Wende zur Ökumenischen Bewegung forderte das Ökumenische Patriarchat im Jahre 1902 in einer Enzyklika alle autokephalen Kirchen auf. Im Jahre 1920 schickte es eine Enzyklika, diesmal „an alle Kirchen Christi überall". Sie beinhaltete den ersten offiziellen Vorschlag einer Kirche für die Gründung eines Weltkirchenrates mit dem Namen „Kirchenbund" und mit der wichtigen Bezeichnung aller nicht-orthodoxen Kirchen als Kirchen.

Das Patriarchat wirkt demnach bereits seit 1920 bei der ökumenischen Bewegung mit; es gehört zu den Gründungskirchen des Weltkirchenrates 1948 in Amsterdam. Es wirkt auch aktiv bei der Konferenz Europäischer Kirchen mit. Es führt theologische Dialoge mit allen nicht-orthodoxen Kirchen, allein oder auch in Kooperation mit allen orthodoxen Kirchen: den Anglikanern, den Altkatholiken, den Orientalisch-Orthodoxen Kirchen, der Römisch-Katholischen Kirche, den Lutheranern, den Reformierten. Es führt ebenso theologische, akademische Dialoge mit den nicht-christlichen Religionen, dem Judentum und dem Islam.

Nicht zuletzt sind die Initiativen des Ökumenischen Patriarchates bezüglich der Umweltproblematik sehr bekannt. Patriarch *Dimitrios* führte im Jahre 1989 das gesamtorthodoxe Fest für die Bewahrung der Schöpfung am 1. September ein, das bereits ökumenische Resonanz und Nachahmung in den westlichen Kirchen erfuhr. Patriarch *Bartholomäus* wurde sogar als der „Grüne Patriarch" bezeichnet. ∎

> Die Stellung des Ökumenischen Patriarchen als primus inter pares bloß als Ehrenprimat ohne jegliche gesamtorthodoxe Rechte zu bezeichnen, entspricht weder den Entscheidungen der Konzilien noch der jahrhundertealten diachronen Praxis.

AUSGANGSPUNKT

Wie Russlands Krieg die Orthodoxie der Region verändert

Schenke uns mit deiner Macht den Frieden

Russlands Krieg gegen die Ukraine wirkt sich massiv auf die orthodoxen Kirchen aus. Während sich der Moskauer Patriarch Kyrill dem Staat andient, balanciert die belarussische Kirchenleitung zwischen Moskau und Minsk. Die Orthodoxie in der Ukraine steht vor der Zerreißprobe. Und überall leisten Gläubige mutigen Widerstand. **VON NATALLIA VASILEVICH**

Seit 2014 hat Russlands Krieg gegen die Ukraine die ohnehin angespannten innerorthodoxen Beziehungen in theologische und kirchenpolitische Herausforderungen manövriert, die diese Kirchen bis dato seit Jahrhunderten nicht erlebt hatten. Sowohl die Krise des jahrzehntelang geplanten panorthodoxen Konzils auf Kreta 2016 als auch diverse Konflikte im ökumenischen Gespräch und nicht zuletzt die gesamtorthodoxen Herausforderungen durch die Anerkennung der Orthodoxen Kirche der Ukraine 2019 müssen im Kontext der russischen Aggression gegen die Ukraine verstanden werden. Der vollumfängliche Angriff Russlands auf die Ukraine im Februar 2022 hat diese globale orthodoxe Krise verschärft und die bestehenden Risse zu Gräben vertieft. Nach langer Zeit diskutieren die orthodoxen Kirchen wieder über die Definition von Häresien. Sie verfügen jedoch über keinerlei Formen der gemeinsamen, synodalen Entscheidungsfindung mehr. Der Krieg betrifft besonders die Orthodoxien in der Ukraine, in Belarus und Russland.

Die Russische Orthodoxe Kirche (ROK) hat sich seit 2009 unter der Führung von Patriarch *Kyrill* (*Gundyaev*) immer entschiedener als ein Element des „Propagandaministeriums" in die ideologische Agenda des russischen Staates integriert. In den innerorthodoxen Beziehungen hat sich unter Kyrill die Feindschaft gegenüber dem Ökumenischen Patriarchat und der ökumenischen Bewegung zugespitzt, insbesondere zu den westlichen evangelischen Kirchen. Darüber hinaus begann Kyrill, der zuvor als „Liberaler", „Westler" und „Ökumeniker" eingeschätzt wurde, innerhalb der Kirche selbst eine strenge Kontroll- und Machtvertikale aufzubauen, die allmählich den Raum akzeptabler alternativer Meinungen verengt hat. Den offenen Krieg gegen die Ukraine unterstützt Kyrill bedingungslos als Verteidigung der „Heiligen Rus" und als einen Befreiungskrieg von der Hegemonie des kollektiven Westens und der liberalen Werte.

Russische Orthodoxie: „Propaganda-Ministerium" und Unterdrückung

Der Hoheitsanspruch der Russischen Orthodoxen Kirche über die Ukraine und Belarus als sogenannter Kern der „Heiligen Rus'" spielt für den Krieg eine bedeutende Rolle. Die ROK begründet mit der historischen Zusammengehörigkeit das Recht Russlands, militärisch auf dem Territorium eines souveränen Staates einzugreifen, aber sie schürt damit auch gezielt Spaltungen und Konflikte innerhalb der orthodoxen Gemeinschaft der beiden Länder. Dies betrifft vor allem die Ukraine, in der spätestens seit 1990 ein starker Drang nach kirchlicher Eigenständigkeit herrschte, der von Russland stets blockiert wurde.

Auch wenn es keine belastbaren Umfragen in dieser Frage gibt, muss man davon ausgehen, dass sich viele Priester und Aktivisten dieser Agenda des Kirchenoberhaupts begeistert angeschlossen haben. Kirchgemeinden, kirchliche Organisationen, Medien und Influencer in Russland sind zu Orten geworden, an denen Hilfsgüter für die Armee gesammelt, Tarnnetze gewebt, Gottesdienste für den Sieg im Krieg und für die auf der Seite Russlands kämpfenden Soldaten abgehalten sowie Inhalte zur Unterstützung des Krieges in Medien und sozialen Netzwerken produziert werden.

Nach Angaben der Monitoring-Gruppe „Christen gegen den Krieg" (https://shaltnotkill.info) wurden mehr als zweihundert Priester der ROK als Teilnehmer an den Kämpfen oder als aktive Förderer von Kriegsdarstellungen in den Medien identifiziert. Die Kirche mobilisiert weiterhin aktiv Priester, die bereit sind, an der Front und in den besetzten Gebieten die russische Armee und die Besatzungsmacht zu unterstützen. Die Kirche ist an der Deportation ukrainischer Kinder und ihrer ideologischen Umerziehung beteiligt und schweigt zu den Kriegsverbrechen der russischen Armee.

AUSGANGSPUNKT

Stimmen aus der Kirche, die sich offen von der Haltung der Kirchenleitung distanzieren und gegen den russischen Krieg auftreten, haben es hingegen äußerst schwer. Wenige Tage nach dem Angriff 2022 organisierten einige Priester der ROK einen offenen Appell, in dem sie „zur Versöhnung und zur Beendigung des Krieges" aufriefen. Der Brief wurde von 293 Geistlichen unterzeichnet, von denen einige im Ausland leben. Bis heute wurden mindestens 15 der Unterzeichner von den Behörden mit Kirchenstrafen belegt. Eine der wichtigsten Formen des Protests gegen den Krieg und gegen die kriegsfreundliche Haltung des Patriarchen ist die Weigerung, das verpflichtende Gebet „Für den Sieg der heiligen Rus" zu sprechen. Bekannt wurde der Fall des Geistlichen *Ioann Kowal*, der in der Gebetszeile „Erhebe dich, o Gott, zur Hilfe deines Volkes und schenke uns mit deiner Macht den Sieg" das Wort „Sieg" durch „Frieden" ersetzte.

In der Regel werden solche Fälle nur und erst dann öffentlich bekannt, nachdem der Priester denunziert und mit Kirchenstrafen belegt wurde. Bis heute gibt es acht Fälle von Verfolgung wegen der Weigerung, das Gebet zu verlesen, bis hin zum Entzug des Priesteramtes. Unter diesen Bedingungen riskieren Priester mit öffentlichen Aussagen ihre eigene Sicherheit, die ihrer Familie und ihrer Gemeinde, sodass die Sabotage der Kriegsagenda, die Enthaltung von jeglichen politischen Äußerungen, der Protest durch Schweigen und das Bestreben, sich in einem ausschließlich religiösen Rahmen zu halten, die zugänglichste Form des Protestes geworden ist.

Die recht hohe Nachfrage nach alternativen Positionen von Priestern in der Gesellschaft zeigt sich gleichzeitig an den hohen Abrufzahlen von Videos im Internet: So wurde beispielsweise auf ihrem Youtube-Kanal das Interview von *Jekaterina Gordeeva* mit Antikriegspriestern, die Russland verlassen haben, von mehr als 3,5 Millionen Menschen angesehen, mit *Giovanni Guaita* von 3,5 Millionen Menschen; mit *Andrey Kordochkin* von 2,1 Millionen Menschen; mit *Andrey Kuraev* von 1 Million Menschen.

Zum Zeitpunkt des vollumfänglichen Angriffskriegs Russlands befand sich die ukrainische Orthodoxie zwischen zwei Gravitationszentren, die sich in den Neunzigerjahren herausgebildet hatten. Damals trennte sich eine Gruppe von Bischöfen, Priestern und Gläubigen von der Ukrainischen Orthodoxen Kirche (UOK) und schuf eine alternative orthodoxe Jurisdiktion, die Ukrainische Orthodoxe Kirche-Kyjiwer Patriarchat (UOK-KP), die von der orthodoxen Welt als schismatisch betrachtet wurde und nicht in Gemeinschaft mit der Weltorthodoxie stand.

Ukrainische Orthodoxie: Konfrontation statt Einheit

Die UOK vereinte lange Zeit Menschen mit unterschiedlichen kulturellen, politischen und christlichen Hintergründen. Es gab den Pol der Patrioten, für die die Existenz der Ukraine als unabhängiger Staat und die ukrainische Sprache wesentlich waren, und den Pol von Personen mit prorussischen Ansichten, für die die Zugehörigkeit zum Moskauer Patriarchat als religiöse Überzeugung den Kern der kirchlichen Identität darstellte. Dazwischen befand sich die gemäßigte Mehrheit der postsowjetischen Ukrainer ohne feste kulturelle Präferenzen.

Die Jurisdiktion der UOK-KP, die in Bezug auf ihre Infrastruktur, ihr Bildungs- und allgemein kulturelles Niveau viel bescheidener war, legte den Schwerpunkt auf Patriotismus und die Entwicklung der ukrainischen Kultur. Für sie spielte die negative Haltung gegenüber Russland eine wichtige Rolle für die eigene Identität und war bedeutender als ein Konzept wie „Kanonizität".

Die Ereignisse des Maidan 2014, die anschließende russische Annexion der Krim und der Beginn des hybriden Kriegs in der Ostukraine führten dazu, dass in der gesamten Gesellschaft nationale Sicherheit, die Bewahrung der territorialen Integrität sowie die Unabhängigkeit der Ukraine stetig an Bedeutung gewannen. Damit wurde die Haltung der UOK und ihre Verbindung zum Moskauer Patriarchat zunehmend als Bedrohung für die staatliche Sicherheit wahrgenommen, während die UOK-KP als eindeutig ukrainische Kirche Ansehen gewann. Die Gemeinden der UOK gerieten unter Druck, ihre Loyalität zur Ukraine zu beweisen. Doch obwohl die Nachfrage nach größerer Unabhängigkeit von Moskau und nach orthodoxer Einheit in der Ukraine wuchs, konnte die UOK-KP wegen ihres unkanonischen Status nie eine überzeugende Alternative bieten. Um dieses Problem zu lösen, begann Präsident *Petro Poroschenko* 2018 einen Verhandlungsprozess mit dem Ökumenischen Patriarchat in Konstantinopel, um den kanonischen Status der UOK-KP zu klären. 2019 erkannte Patriarch *Bartholomäus* die neue Orthodoxe Kirche der Ukraine (OKU) an. Da der Großteil der UOK eine Vereinigung dennoch ablehnte, blieb die Orthodoxie im Land gespalten.

Russland und die Russische Orthodoxe Kirche nutzten diese Spaltung und das gesellschaftliche Misstrauen gegen die Ukrainische Orthodoxe Kirche für ihre Propaganda; sie gaben die Einschränkung der Rechte der UOK als Grund für die Kriegseskalation an. Die Kirchenleitung der UOK bemühte sich um einen vollständigen Rückzug aus den politischen Debatten der Ukraine, provozierte damit jedoch noch mehr gesellschaftlichen Druck und innerkirchliche Kritik. Es kam zu weiteren Übertritten von Gemeinden zur OKU. Allerdings bleibt unklar, wie viele dieser Übertritte freiwillig oder aber unter Druck und als Folge von Gewalt erfolgten.

Mit dem Beginn der umfassenden Invasion 2022 änderte sich die Stimmung innerhalb der UOK erheblich. Frühzeitig verurteilte ihr Oberhaupt, Metropolit *Onuphrij*, die Aggression und nannte sie „eine Wiederholung der Sünde Kains (...) die weder vor Gott noch vor den Menschen zu rechtfertigen ist". Am 27. Mai 2022 folgte ein Konzil, auf dem die Position des Moskauer Patriarchen Kyrill zur Unterstützung des Krieges abgelehnt und Änderungen an der Satzung der UOK vorgenommen wurden, die „die vollständige Autonomie und Unabhängigkeit der Ukrainischen Orthodoxen Kirche bezeugen" sollten.

In europäischen Ländern begann die UOK mit einem Programm zur seelsorgerischen Betreuung ukrainischer Flüchtlinge, es wurden bis heute etwa 90 neue Gemeinden der UOK in Ländern ohne eigene orthodoxe Ortskirche eröffnet, etwa in Deutschland, Italien oder Belgien.

Allerdings verstärkte sich mit der aktiven Phase des Krieges und den russischen Kriegsverbrechen auch die Feindseligkeit gegenüber der UOK in der ukrainischen Gesellschaft. Alle Schritte der Kirche, sich vom Moskauer Patriarchat zu distanzieren, stoßen auf tiefes Misstrauen. Die Kirchenleitung selbst ist zögerlich in ihren öffentlichen Positionierungen zum Krieg und der Propaganda der ROK. In den Medien und den sozialen Netzwerken gibt es eine Welle an Diffamierungen und Diskreditierungen der UOK. Sie sind meistens verbunden mit tatsächlichen oder fiktiven Fällen der Kollaboration und Agententätigkeit einiger Kleriker der UOK sowie mit der nicht als ausreichend empfundenen öffentlichen Abkehr von der ROK.

Jenseits der offiziellen Haltung und der Grabenkämpfe zwischen den beiden Kirchenleitungen hatten aktive Befürworter des Dialogs zwischen den orthodoxen Kirchen – Priester, Theologen, religiöse Aktivisten und Journalisten – die „Sophia-Bruderschaft" als Ort des offenen Gesprächs geschaffen. Dies reicht jedoch nicht aus, um die wachsende Polarisierung in der orthodoxen Gemeinschaft bis hin zu Hassreden und Gewalt zu verhindern. Die Bruderschaft hat mehrere Erklärungen publiziert, die zur Deeskalation der Beziehungen zwischen den Orthodoxen der beiden Jurisdiktionen aufrufen und etwa Fälle von Gewalt beim Übergang der Gemeinden zur OKU verurteilen. Diese kleine Initiative wird von den Kirchenleitungen nicht unterstützt und kommt nur schwer gegen die Polarisierung an. Die Polarisierung wurde unter anderem durch den Beschluss der OKU im Jahr 2023, zum Neujulianischen Kalender überzugehen, auch symbolisch formalisiert. Alle staatlichen Feiertage, die mit dem religiösen Kalender zusammenhängen, wurden auf neue Daten verschoben, ohne auf die Feiertage der UOK Rücksicht zu nehmen.

Die ukrainischen Behörden versuchten in den ersten Monaten nach dem Angriff 2022, die Polarisierung innerhalb der Gesellschaft einzudämmen. Viele bereits seit 2018 eingebrachte Gesetzesentwürfe, die die Aktivitäten der UOK in der Ukraine beschränken sollten, wurden nicht mehr in Betracht gezogen, da sie die ukrainische Gesellschaft spalten könnten. Die Situation änderte sich, als Präsident *Wolodymyr Selenskyj* im Herbst 2022 einen Kampf für die „geistige Unabhängigkeit" ankündigte. Expertisen und Gesetzentwürfe sollten die Verbindung der UOK nach Russland definierbar und strafbar machen. Im Frühjahr 2023 begann eine Konfrontation um das Kiewer Höhlenkloster mit zahlreichen Strafverfahren gegen Bischöfe und Priester wegen Staatsverrat und dem Schüren religiöser Feindschaft.

Im August 2024 fand diese Politik ihren vorläufigen Höhepunkt in der Verabschiedung eines neuen „Gesetzes über den Schutz der verfassungsmäßigen Ordnung im Bereich der Tätigkeit religiöser Organisationen". Danach kann der Staatliche Dienst für Ethnopolitik und Gewissensfreiheit in Zukunft Gerichtsverfahren für die Liquidation einer religiösen Organisation initiieren, wenn ihr irgendeine Verbindung nach Russland nachgewiesen werden kann.

Dieses Gesetz widerspricht internationalen Normen der Religionsfreiheit. Die internationale Unterstützung der Ukraine im Krieg hängt stark von ihrem konsequenten Weg als demokratischer Staat ab. Deswegen sind die Konflikte der orthodoxen Kirchen ein international relevantes Thema geworden. Vor allem aber verstärkt das Gesetz das Misstrauen der UOK gegenüber der OKU und den ukrainischen Behörden. Es trägt damit kaum zu einer Annäherung der ukrainischen Orthodoxie noch zur Überwindung der innerorthodoxen Spaltung mitten im russischen Krieg bei.

Belarussische Orthodoxe Kirche: Einfrieren oder fliehen

Die Belarussische Orthodoxe Kirche (BOK) ist ein Exarchat des Moskauer Patriarchats, sie kann also keine Entscheidungen ohne die Zustimmung der Synode der ROK treffen. Nach der letzten soziologischen Umfrage des „Zentrums für soziale und humanitäre Forschung" der Belarus State Economic University im Juli 2024 bezeichnen sich 73 Prozent der Bevölkerung von Belarus als orthodox; die BOK ist die einzige orthodoxe Kirche im Lande.

Der vollumfängliche russische Angriff auf die Ukraine traf die BOK in einer Phase schwerer Repressionen gegen die Zivilgesellschaft durch das politische Regime. Als Reaktion auf die friedlichen Massenproteste im Jahr 2020 gegen Wahlbetrug und gegen die Gewalt und Gesetzlosigkeit der Sicherheitskräfte hatten massive Repressionen begonnen und sind seitdem unvermindert fortgesetzt oder verschärft worden. An den Protesten beteiligten sich auch Geistliche, Laien und Bischöfe der orthodoxen Kirche,

Natallia Vasilevich wurde 1982 geboren und ist orthodoxe Theologin und Menschenrechtsanwältin. Neben ihrer Promotion an der Universität Bonn koordiniert sie die ökumenische Gruppe „Christian Vision" in Belarus und die Monitoring-Plattform „Christen gegen den Krieg". Sie ist Steuerungsmitglied des KEK-Programms „Pathways to Peace".

AUSGANGSPUNKT

die zuvor überwiegend ihre Loyalität gegenüber dem Regime bekundet hatten. Die Behörden reagierten mit großer Härte auf den Protest aus den Kirchen, da ihnen die Breitenwirkung sehr bewusst war.

Als Repressionen gegen einzelne Priester der BOK sind derzeit in mindestens 20 Fällen Strafverfahren, Verhaftungen, Durchsuchungen, Geldstrafen und Drohungen bekannt. Zudem haben die Behörden für die Absetzung von Metropolit *Pavel* (*Ponomoryov*) gesorgt, ein russischer Staatsbürger, der die BOK seit 2013 geleitet hatte. Er wurde durch einen belarussischen Staatsbürger ersetzt. Der neue Metropolit *Veniamin* (*Tupeko*) ist einer der jüngsten Bischöfe in Belarus, er ist weniger unabhängig und vertritt eher prorussische Ansichten. Mit seiner Hilfe setzten die Behörden auch Erzbischof *Artemije* (*Kishchenko*) von Grodno ab. Er hatte sich als einziger Bischof der BOK offen gegen Menschenrechtsverletzungen und Propaganda ausgesprochen.

Russlands Krieg löste in der orthodoxen Gemeinschaft von Belarus einige öffentliche Aktivitäten aus. Dazu gehören: die Unterzeichnung eines offenen Briefes gegen den Krieg im März 2022 durch mindestens elf BOK-Priester; die Teilnahme an einer Antikriegskundgebung von Priester *Mikhail Marugo* am 28. Februar 2022, Strafe: 13 Tage inhaftiert, Folter; Antikriegspredigten des Priesters *Vladislav Bogomolnikov* am 28. August 2022, Strafe: 100 Tage inhaftiert, Folter; Gebete für die Ukraine von Priester *Dionisiy Korostelev* am 1. Januar 2023, Strafe: 14 Tage Haft, Folter; die Organisation von Antikriegsgebeten durch belarussisch-orthodoxe Frauen in der Kathedrale in Minsk am 3. März 2022, fünf Personen in Haft; Antikriegslieder, Veröffentlichungen im Internet, Kommentare in Chatrooms, Aktionen zur Förderung der Antikriegsagenda auf BOK-Internetseiten.

Die Kirchenleitung dagegen reagierte auf den Angriff mit Zurückhaltung – es gab weder eine offene Unterstützung für die Aggression noch eine offene Verurteilung. Die wichtigsten Erklärungen waren ein an beide Seiten gerichteter Friedensappell sowie Erklärungen zur Unterstützung der UOK angesichts des Drucks der ukrainischen Behörden. Die Position der Kirchenleitung kann als moderat prorussisch charakterisiert werden. Einerseits erhalten die wenigen Geistlichen, die auf der Seite Russlands in den Krieg ziehen, die Erlaubnis des Metropoliten. Zentren der ideologischen und materiellen Unterstützung für die russische Armee, wie das St.-Elisabeth-Kloster in Minsk, führen zudem ungehindert Aktionen zur Unterstützung der Aggression durch und sammeln Geld für die Ausrüstung russischer Soldaten.

Im Gegensatz zur Russischen Föderation verwendet die Kirche in Belarus jedoch nicht das „Gebet für das Heilige Russland", das Patriarch Kyrill seinen Gemeinden vorgeschrieben hat – entweder wird ein spezielles Gebet gesprochen, ohne die „Feinde des Heiligen Russlands" zu erwähnen und ohne um den „Sieg" zu bitten, oder es wird ein Friedensgebet gesprochen, ohne den aktuellen Konflikt überhaupt zu erwähnen. Es wurde auch keiner der Unterzeichner des Offenen Briefes gegen den Krieg sowie keiner derjenigen, die wegen kriegsfeindlicher Äußerungen von den Sicherheitskräften verhaftet oder zu einer Geldstrafe verurteilt wurden, mit schwerwiegenden kirchlichen Strafen belegt – wie einem Verbot des Dienstes oder dem Ausschluss aus dem Dienst, wie es in Russland üblich ist. Einige Priester wurden aus ihren offiziellen Ämtern entlassen oder in eine andere Gemeinde versetzt.

Da jedoch weiterhin die Gefahr einer Verfolgung durch die Behörden besteht, haben mindestens 14 aktive Priester das Land verlassen. Einige von ihnen blieben in der Jurisdiktion des Moskauer Patriarchats, aber eine Reihe von ihnen wechselte in andere Ortskirchen – der Polnischen Orthodoxen Kirche oder dem Ökumenischen Patriarchat. In Vilnius wurde eine belarussische Gemeinde gegründet, die der Jurisdiktion des Ökumenischen Patriarchats untersteht und in der Belarussisch als liturgische Sprache verwendet wird. Regelmäßige orthodoxe Gottesdienste in belarussischer Sprache finden auch in den Gemeinden der neuen Emigration in Paris und Warschau statt. Die Priester des Patriarchats von Konstantinopel sind in der Öffentlichkeit präsent und treten häufig in unabhängigen Medien auf. Außerdem gibt es ein ganzes Netzwerk belarussisch-orthodoxer Theologen im Westen. All diese Faktoren schaffen eine Infrastruktur für die Bildung einer alternativen belarussischen Orthodoxie – freier, theologisch informiert, offen für die belarussische Kultur und für Fragen der Gesellschaft und Politik, eingebunden in interorthodoxe Prozesse, ökumenisch, mit einer aktiven öffentlichen Rolle der Frauen.

Für eine lange Zeit wurde die orthodoxe Landschaft Osteuropas als recht homogener Raum angesehen, in dem die ROK die kanonische Jurisdiktion und damit eine Deutungshoheit wahrnimmt. Innerkirchliche Spannungen spielten keine sichtbare Rolle, in gesellschaftspolitischen Fragen bis hin zu staatlichen Repressionen gegen die Zivilgesellschaft mahnte man die Gläubigen zu „neutraler" Zurückhaltung. Russlands Krieg und die ideologische Beteiligung der ROK daran lassen eine solche Neutralität und Zurückhaltung jedoch immer schwerer werden. So haben sich viele Konflikte in den am meisten vom Krieg betroffenen Ländern beschleunigt und verschärft – zusätzlich zu den alltäglichen Herausforderungen durch die Realität des Krieges. Prognosen über die Zukunft der Orthodoxie in diesen Ländern sind angesichts dessen unmöglich. Deutlich ist jedoch, dass die kirchlichen Institutionen ihre moralische Autorität stark eingebüßt haben und im Kontext des Krieges weder den Gläubigen noch der Gesellschaft eine Hoffnung auf Frieden bieten. ■

> Viele innerorthodoxe Konflikte haben sich in den am meisten vom Krieg betroffenen Ländern beschleunigt und verschärft – zusätzlich zu den alltäglichen Herausforderungen durch die Realität des Krieges.

Sofia Atlantova und Oleksandr Klymenko: Heiliger Antonius der Große

AUSGANGSPUNKT

Orthodoxe Kirchen und der Nationalismus

Die Versuchung

Zwar hat der Begriff der Nationalkirchen keine Grundlage in der orthodoxen Ekklesiologie, doch die Nähe von Lokalkirchen zu ihren namensgebenden Nationen lässt sich nicht übersehen. Derweil hat der Prozess der Nationalisierung zwei Seiten – und ist längst nicht abgeschlossen. **VON STEFAN KUBE**

Mit der Orthodoxen Kirche der Ukraine entstand 2018/19 eine neue orthodoxe Kirche, deren Status jedoch innerhalb der byzantinischen Orthodoxie umstritten ist (vgl. dieses Heft, 15–18). In Medienberichten wurde vor allem von der Gründung einer orthodoxen Nationalkirche in der Ukraine gesprochen, da zu ihrem Entstehungskontext auch die Abgrenzung zu Russland und dem Moskauer Patriarchat zählte. Der damalige ukrainische Präsident *Petro Poroschenko*, der die Gründung der neuen Kirche massiv unterstützte, versuchte sogar, aus seinem Engagement im Präsidentschaftswahlkampf 2019 Kapital zu schlagen. Sein Wahlkampfslogan lautete „Armee! Sprache! Glaube!", doch er unterlag seinem Konkurrenten *Wolodymyr Selenskyj*.

So geläufig die Rede von „orthodoxen Nationalkirchen" ist, so hat der Begriff doch keine Grundlage in der orthodoxen Ekklesiologie. Orthodoxe Theologen sprechen nicht von National-, sondern von Lokalkirchen in unterschiedlichen Kontexten, die zusammen die eine Orthodoxe Kirche bilden. Faktisch lässt sich jedoch nicht übersehen, dass zahlreiche orthodoxe Lokalkirchen eine auffällige Nähe zur jeweiligen namensgebenden Nation pflegen und sich selbst in der Rolle der Garantin der nationalen Traditionen sehen oder von Politik und Gesellschaft so gesehen werden. Dafür lässt sich eine Begebenheit aus der jüngeren Vergangenheit anführen: Anfang Juni 2024 versammelten sich in Belgrad Vertreter der Regierungen und Parlamente Serbiens und der Republika Srpska, der serbisch dominierten Entität von Bosnien-Herzegowina, sowie hochrangige Repräsentanten der Serbischen Orthodoxen Kirche, um eine Deklaration „Über den Schutz der nationalen und politischen Rechte und über die gemeinsame Zukunft des serbischen Volks" zu verabschieden. In der 49 Punkte umfassenden Deklaration geht es unter anderem um die Bewahrung und die Pflege der serbischen Kultur und Nationalidentität.

Mit Blick auf die religiöse Landschaft hält die Deklaration fest, alle Religionen zu respektieren und die Religionsfreiheit zu unterstützen. Doch hebt sie auch die besondere Rolle der Serbischen Orthodoxen Kirche hervor, die das „serbische Volk in den schwersten Zeiten und im biologischen, aber auch kulturellen und pädagogischen Sinn bewahrt hat". Die Kirche wird als eine der „Säulen der nationalen, kulturellen und spirituellen Identität" der Serben bezeichnet.

Religiöse und nationale Identität

Auch wenn die Deklaration wie die Kirchenführung selbst in zahlreichen Verlautbarungen von der Rolle der Kirche als Bewahrerin der serbischen Nation durch die Jahrhunderte spricht, ist der Zusammenhang von religiöser und nationaler Identität viel jüngeren Datums. Sie ist das Ergebnis einer 200-jährigen Entwicklung, die die orthodoxe Welt in Ost- und Südosteuropa grundlegend verändert hat. Erst mit dem Aufkommen von Nationalbewegungen zu Beginn des 19. Jahrhunderts kam es zur Verbindung von religiöser und nationaler Identität und zur Entstehung eines neuen Typus nationaler Kirchen, als deren vorerst letztes Produkt sich die Orthodoxe Kirche der Ukraine einordnen lässt. Die Nationalisierung der Orthodoxie im östlichen Europa war ein Modernisierungsprozess mit Licht- und Schattenseiten: Einerseits trug er zum Aufbau einer effektiveren kirchlichen Verwaltung, zur Anhebung des Bildungsniveaus des Klerus und somit auch zu einer neuen Nähe zu den Gläubigen bei, andererseits beförderte er die Fragmentierung der orthodoxen Welt und innerorthodoxe Auseinandersetzungen sowie Konflikte mit andersreligiösen Bevölkerungsgruppen. Außerdem zeigt sich die Gefahr eines kirchlichen Nationalismus oder einer fehlenden Balance zwischen orthodoxer Lokal- und Universalkirche – zwei Phänomene, die auch innerkirchlich immer wieder auf Widerspruch stoßen.

Die Nationsbildung auf zumindest teilweise religiöser Grundlage oder die „religiöse ‚Erfindung' der Nation" (*Friedrich Wilhelm Graf*) war weder ein geradliniger Prozess noch ein Spezifikum der orthodoxen Welt, da es auch in anderen Teilen Europas, etwa in Polen, zu einer engen Verbindung von religiöser und nationaler Identität kam. Gleichwohl lässt sich fragen, ob es nicht bestimmte Faktoren gibt, die die Herausbildung von nationalen Kirchen begünstigt haben. Der orthodoxe Theologe und Religionswissenschaftler *Vasilios N. Makrides* hat diesbezüglich einige endogene Faktoren zur Nationalisierung der Orthodoxie im Unterschied zur westlichen Christenheit ausgemacht: die historische Nähe von Kirche und Staat und deren moderne Umformung zu Kirche und Nation, die pluralistische Kirchenstruktur sowie eine enge Verbindung zwischen Christianisierung und ethno-kulturellen Identitäten.

Um mit Letzterem zu beginnen: Die Christianisierung der slawischen Bevölkerung im neunten Jahrhundert erfolgte mithilfe der Volkssprache, die von den beiden „Slawenaposteln" *Kyrill* und *Method* und ihren Schülern verschriftlicht wurde. Mit der Christianisierung einher ging ein Transfer des byzantinischen Herrschaftsmodells und der hellenistischen Kultur, die für die mittelalterlichen serbischen und bulgarischen Reiche und deren Kirchenstrukturen prägend wurden. Mit dem Aufkommen nationaler Bewegungen im 19. Jahrhundert wurden diese mittelalterlichen Gebilde zu Vorläufern der nationalen Eigenstaatlichkeit und -kirchlichkeit stilisiert und dienten als Reservoir für moderne Mythen und Bilder, um die Einheit der Nation zu begründen. Die „Erfindung" der modernen Nationen war dabei keine „creatio ex nihilo", sondern ihre Vordenker in Ost- und Südosteuropa griffen auf religiöse Symbole, Narrative und Figuren zurück. Dabei war im orthodoxen Kontext die sprachlich-kulturelle Prägung der Bevölkerung durch die Kirchen ein besonders wirkmächtiger Anknüpfungspunkt.

Zum byzantinischen Erbe zählt auch die Idee der *symphonia*, des harmonischen Zusammenwirkens von Staat und Kirche. Die historische Nähe dieser beiden Institutionen in der orthodoxen Welt erfuhr jedoch im Zuge der Nationsbildung eine graduelle Umformung, sodass die Nation an die Stelle des Staates als primäre Bezugsgröße der Kirche trat. Dies ermöglichte es den jeweiligen orthodoxen Kirchen, auch nach der formellen Trennung von Kirche und Staat eine herausgehobene Position in der Öffentlichkeit einzunehmen oder für sich zu reklamieren. Umgekehrt ließen sich aus Sicht des Staates den Kirchen aufgrund ihrer „nationalen Verdienste" Privilegien einräumen. Die Erfahrung eines religionsfeindlichen Staates zu kommunistischen Zeiten bestärkte in vielen orthodoxen Kirchen noch die Bezugnahme auf die Nation und die Vorstellung als „Beschützerin der nationalen Identität". Mit diesem Selbstbild ließ sich aber auch seitens der Kirchenleitungen die Zusammenarbeit mit dem kommunistischen Staat rechtfertigen, wie etwa in Rumänien unter dem nationalkommunistischen Regime von *Nicolae Ceaușescu*.

Der letzte von Makrides angesprochene Punkt – die pluralistische Kirchenstruktur – verweist auf die innere Aufgliederung der Orthodoxie. In der Antike hatte sich das System der Pentarchie um bedeutende Städte und christliche Zentren im Römischen Reich etabliert: mit Rom im Westen sowie Konstantinopel, Alexandrien, Antiochien und Jerusalem im Osten, wobei die letzten vier heute autokephale orthodoxe Kirchen bilden. Dabei stellt sich allerdings die Frage, nach welchen Kriterien eine Lokalkirche Autokephalie beanspruchen kann: Sind es politische, territoriale, nationale oder andere Erwägungen?

Als Richtschnur wird häufig Kanon 34 der Apostolischen Kanones aus dem vierten Jahrhundert angeführt, wonach die Bischöfe eines jeden „ethnos" wissen sollen, wen sie als ihren Ersten („protos") anerkennen. Altkirchlich meinte der Begriff „ethnos" ursprünglich eine Provinz, also eine territoriale beziehungsweise staatliche Einheit. Zu dieser territorialen Lesart des Kanons 34 gesellte sich mit dem Aufkommen der Nationalbewegungen eine nationale Lesart, wobei der spätantike Begriff „ethnos" im modernen Sinne von „Nation" verstanden wird. Diese beiden unterschiedlichen Lesarten, verbunden mit der Frage, wer eigentlich die Autokephalie verleihen kann, führen bis heute zu Konflikten in der orthodoxen Welt, wie ein Blick in die Geschichte und Politik zeigt.

Zu Beginn des 19. Jahrhunderts lebten die meisten orthodoxen Gläubigen im östlichen Europa in drei Imperien: dem Zarenreich, dem Habsburger Reich und dem Osmanischen Reich. Im Osmanischen Reich gehörten alle orthodoxen Christen der „Rum Milleti" („Glaubensgemeinschaft der Römer") an, an deren Spitze der Patriarch von Konstantinopel stand. Dieser war nicht nur das geistliche Oberhaupt, sondern auch mit zivilrechtlichen und administrativen Funktionen betraut, und er war für die Steuererhebung sowie das loyale Verhalten der Millet-Angehörigen gegenüber der Hohen Pforte verantwortlich. Ähnliche Strukturen von rechtsfähigen Körperschaften auf Grundlage einer bestimmten Konfession waren auch in der Habsburgermonarchie anzutreffen, in der etwa der Metropolit von Karlowitz für alle geistlichen und weltlichen Belange der orthodoxen Serben zuständig war. Aus diesen „Konfessionsnationen" entwickelten sich im 19. Jahrhundert in Südosteuropa eigenständige nationale orthodoxe Kirchen, wodurch sich insbesondere der

> Die Erfahrung eines religionsfeindlichen Staates zu kommunistischen Zeiten bestärkte bei vielen orthodoxen Kirchen noch die Bezugnahme auf die Nation und die Vorstellung als „Beschützerin der nationalen Identität".

AUSGANGSPUNKT

Stefan Kube wurde 1978 geboren und ist seit 2009 Chefredakteur der Zeitschrift Religion & Gesellschaft in Ost und West. Seine Forschungsschwerpunkte sind Kirchen und Religionsgemeinschaften in Südosteuropa. Er studierte Katholische Theologie und Geschichte in Münster und Sarajevo.

Foto: Stefan Guth

AUSGANGSPUNKT

Jurisdiktionsbereich des Patriarchats von Konstantinopel stetig verkleinerte. Den Auftakt dieser Entwicklung bildete die einseitige Ausrufung der Autokephalie der Griechischen Orthodoxen Kirche 1833, da aus Sicht der griechischen Aufständischen gegen die osmanische Herrschaft zur politischen Unabhängigkeit auch die kirchliche Unabhängigkeit dazugehörte. Zu Beginn der Griechischen Revolution 1821 hatte Patriarch *Grigorius V.* von Konstantinopel die Aufständischen verurteilt und exkommuniziert. Dies bewahrte ihn allerdings nicht davor, zu Ostern 1821 in Istanbul gelyncht und hingerichtet zu werden. 100 Jahre später kanonisierte ihn die Griechische Orthodoxe Kirche als Märtyrer – trotz seiner ambivalenten Rolle als Teil der osmanischen Staatsmacht, und obwohl keineswegs historisch belegt ist, dass er heimlich Sympathien für die griechischen Aufständischen hegte.

Das Beispiel von Patriarch Grigorius V. zeigt exemplarisch zweierlei: Erstens stand ein Teil vor allem der hochrangigen Geistlichkeit im Osmanischen wie im Habsburger Reich aus unterschiedlichen Gründen – Sorge um Einheit des orthodoxen Glaubens, übergeordnete Reichsloyalität, Verlust des eigenen politischen Einflusses und von finanziellen Ressourcen – den aufkommenden Nationalbewegungen skeptisch bis ablehnend gegenüber, während sich ein anderer Teil der Geistlichen für die Gründung eigener nationaler Kirchen einsetzte. Zweitens hinderte diese vielschichtige Reaktion des Klerus auf die Nationalisierung der Orthodoxen Kirche spätere kirchliche und politische Exponenten nicht daran, Patriarch Grigorius V. und andere, gegenüber der Idee der Nation kritisch eingestellte Geistliche in das nationale Pantheon zu integrieren und so ein einheitliches Geschichtsbild von der jeweiligen orthodoxen Kirche als Hüterin der eigenen Nation zu konstruieren.

Zur Situation in Südosteuropa

Im Lauf des 19. und 20. Jahrhunderts formierte sich in Südosteuropa eine Reihe nationaler orthodoxer Kirchen, deren Autokephalie von Konstantinopel jedoch stets erst nach einer gewissen Zeit anerkannt wurde: nach der Griechischen Orthodoxen Kirche die Serbische und die Rumänische Orthodoxe Kirche, wobei die beiden letzteren in ihrer heutigen Form erst durch die Vereinigung verschiedener Jurisdiktionen nach dem Ersten Weltkrieg entstanden. Im Falle Bulgariens ging die kirchliche Unabhängigkeit sogar der staatlichen voraus: 1870 wurde auf Erlass des osmanischen Sultans ein „Bulgarisches Exarchat" geschaffen, während das Land erst 1908 seine Unabhängigkeit vom Osmanischen Reich erlangte. Selbst die spätere kommunistische Regierung in Bulgarien würdigte den Beitrag des Exarchats zur „nationalen Befreiungsrevolution". Das Patriarchat von Konstantinopel reagierte jedoch mit der Einberufung einer Synode 1872, die das Exarchat für schismatisch erklärte und das nationalkirchliche Prinzip als „Ethnophyletismus" verurteilte. Während die Synode aber den bulgarischen Nationalismus verurteilte, schwieg sie zum zeitgleichen griechischen Nationalismus. Erst 1945 wurde das Schisma zwischen der bulgarischen Kirche und Konstantinopel beendet.

Das Konkurrenzverhältnis der verschiedenen Nationalismen in Südosteuropa zeigte sich insbesondere mit Blick auf die historische Region Makedonien, die zu Beginn des 20. Jahrhunderts noch unter Kontrolle des Osmanischen Reichs stand. Sowohl Serbien, Griechenland und Bulgarien als auch ihre jeweiligen Kirchen erhoben Anspruch auf die mehrheitlich slawischsprachige orthodoxe Bevölkerung des Gebiets. Der Löwenanteil der Region fiel 1913 an Serbien beziehungsweise später an Jugoslawien. Zu jugoslawischen Zeiten entstand auf dem Gebiet der Teilrepublik Makedonien (heute Nordmakedonien) mit Unterstützung der kommunistischen Staatsmacht die Makedonische Orthodoxe Kirche, die 1967 ihre Autokephalie erklärte. Dieser Schritt wurde aber weder von der Serbischen Orthodoxen Kirche noch von einer anderen orthodoxen Kirche anerkannt. Lange Zeit wurde der makedonischen Nation und Kirche von Kritikern vorgeworfen, sie seien „künstliche Produkte" und von oben geschaffen worden. Diese Kritik übersieht jedoch, dass sich schon zu Beginn des 20. Jahrhunderts ein regionales Eigenbewusstsein der dortigen Bevölkerung entwickelt hatte, und dass letztlich alle Nationsbildungen von oben, von einer Elite, initiiert und durchgeführt werden. Erst 2022 nahmen die Serbische Orthodoxe Kirche, das Patriarchat von Konstantinopel und in der Folge die meisten anderen orthodoxen Lokalkirchen wieder die eucharistische Gemeinschaft mit der Makedonischen Orthodoxen Kirche auf, wobei Streitfragen bestehen bleiben: Das Ökumenische Patriarchat hat die Kirche unter dem Begriff „Erzbistum Ohrid" anerkannt und schließt eine Verwendung der Bezeichnung „makedonisch" mit Blick auf die gleichnamige Region in Griechenland aus. Zudem beansprucht Konstantinopel, dass es für die Verleihung der Autokephalie zuständig ist.

Fokus auf Imperium statt auf Nation

Im Gegensatz zu den Entwicklungen in Südosteuropa blieb die russische Kirche im Zarenreich und später in der Sowjetunion stärker auf das Imperium statt auf die Nation fokussiert. Daher versuchte die Moskauer Kirchenleitung auch, kirchliche Unabhängigkeitsbestrebungen nach dem Zerfall der UdSSR, insbesondere in der Ukraine und im Baltikum, zu kanalisieren und zu unterdrücken. Das Nicht-Eingehen der Russischen Orthodoxen Kirche auf die Forderungen nach einer Autokephalie der ukrainischen Orthodoxie hat deren Emanzipation und Abgrenzung vom Moskauer Zentrum jedoch eher gestärkt als geschwächt. Mit der Legitimation des russischen Angriffskriegs gegen die Ukraine durch die Moskauer Kirchenleitung ist diese Emanzipation unumkehrbar.

Der Prozess der Nationalisierung der orthodoxen Welt mit seinen emanzipatorischen wie verengenden Seiten dauert also an. Es ist daher eine bleibende Aufgabe, wie es das vom Ökumenischen Patriarchat 2020 veröffentliche Sozialethos der Orthodoxen Kirche formuliert, sich kritisch mit der „Verschmelzung von nationaler, ethnischer und religiöser Identität" auseinanderzusetzen, damit nicht Formen und Sprache des Glaubens sinnentleert werden und nur noch als „Instrumente zur Förderung nationaler und kultureller Interessen" dienen. ∎

Konfessionalisierung in Ost und West
Dialog ohne Triumphalismus

Nicht allein in den Kirchen des Ostens schwindet die Einheit. Eine neue „politische Theologie" täte auch der katholischen Ökumene gut. **VON BARBARA HALLENSLEBEN**

Eine erste These formuliere ich nicht ohne einen solidarischen Schmerz mit den orthodoxen Schwesterkirchen: Die Orthodoxie im Singular existiert nicht mehr, zumindest ist sie auf unabsehbare Zeit außer Reichweite geraten. 2025 wird an das Konzil von Nizäa vor 1700 Jahren erinnert. Inmitten aller innerchristlichen Debatten zeigte dieses Konzil den Willen und die Fähigkeit, Ost- und Westkirche synodal zusammenzuhalten. Nun haben sich nicht nur West und Ost so weit voneinander entfremdet, dass die sakramentale *Communio* ausgesetzt ist. Selbst die ostkirchliche *Koinonia* derer, die am Konzil von Nizäa teilgenommen hatten, unterliegt einer zunehmenden Zerrüttung. Die assyrische orthodoxe Tradition sowie die altorientalischen Kirchen befinden sich bereits seit der Zeit der Ökumenischen Konzilien, spätestens seit dem Konzil von Chalcedon 451, nicht mehr in Kommuniongemeinschaft mit der kirchlichen Ordnung des byzantinischen Reiches. Es hat sich sogar der fragwürdige Sprachgebrauch entwickelt, unter der Orthodoxen Kirche allein die mit Konstantinopel verbundene Tradition zu verstehen. Mittlerweile kann auch diese byzantinische Orthodoxie – nicht punktuell und vorübergehend, sondern in den ekklesialen Grundlagen – die Einheit nicht länger zum Ausdruck bringen.

Ein erstes Zeichen der Krise stellte die Orthodoxe Synode auf Kreta 2016 dar. Als „Panorthodoxes Konzil" war sie seit etwa einem Jahrhundert vorbereitet worden und bezog ohnehin nur die byzantinischen Kirchen ein. Sie repräsentierte schließlich nur zehn der vierzehn autokephalen orthodoxen Kirchen und quantitativ nur eine Minderheit der Christen dieser kirchlichen Tradition. Ihre Rezeption, die im orthodoxen Verständnis für die Anerkennung einer Synode erforderlich ist, blieb folglich weitgehend aus. Das ist umso tragischer, als die Zielsetzung der Synode – über alle Einzelthemen hinaus – im öffentlichen Zeugnis der Einheit der Orthodoxen Kirche lag. Im Zuge der Synodenvorbereitungen war ein wertvolles Instrument der Einheit geschaffen worden: die „Synaxis" der Oberhäupter der autokephalen Lokalkirchen. Es erwies sich aber als untauglich, den Konflikt und die kurz darauf überbordenden geopolitischen Verwerfungen zu bewältigen. Mehrere orthodoxe Kirchen forderten die Einberufung dieses Gremiums zur Lösung der Spannungen um die neu gegründete Orthodoxe Kirche der Ukraine. Doch dies scheiterte am Selbstverständnis des Ökumenischen Patriarchats, exklusiv über Zeitpunkt und Thematik einer Einberufung zu entscheiden. Einen deutlichen Rückzug aus der panorthodoxen Perspektive stellt die Vorbereitung und Veröffentlichung des Dokuments „Auf dem Weg zu einem Sozialethos der Orthodoxen Kirche" im Jahr 2020 dar. Obwohl die Thematik unmittelbar in der Kontinuität der Synode auf Kreta und von deren Dokument „Die Sendung der Kirche in der Welt von heute" liegt, wurden ausschließlich Hierarchen und Theologen des Ökumenischen Patriarchats befragt und beauftragt.

Barbara Hallensleben wurde 1957 geboren und ist Professorin für Dogmatik und Theologie der Ökumene an der Theologischen Fakultät der Universität Fribourg. Als Mitglied im Institut für Ökumenische Studien gründete sie ein Zentrum für das Studium der Ostkirchen. Sie ist Konsultorin des Dikasteriums zur Förderung der Einheit der Christen und Mitglied der Dialogkommissonen mit der Orthodoxen Kirche und mit der „Gemeinschaft Evangelischer Kirchen in Europa".

Die erste These vom Ende der „Panorthodoxie" zieht eine zweite These nach sich: Die Westkirchen finden in der Situation der Ostkirchen einen Spiegel ihrer eigenen Lage. Exemplarisch wird hier die Perspektive der Katholischen Kirche angeführt. Die Katholische Kirche kann nicht bei der beobachtenden Analyse stehenbleiben. Beide Traditionen haben Entwicklungen durchlaufen, die aus gemeinsamen Wurzeln zu Entfremdungen, ja Trennungen und Feindschaften führten. Wenn dieses gemeinsame Geschick nicht aufgearbeitet wird, riskieren beide Seiten, nicht nur den jeweils anderen, sondern auch sich selbst nicht zu verstehen: Insofern die Katholische Kirche in den Orthodoxen Kirchen „Schwesterkirchen" im vollen Sinne der einen und einzigen Kirche Jesu Christi sehen, gilt hier das Wort des Paulus: „Wenn ein Glied leidet, leiden alle Glieder mit" (1 Kor 12,26).

Diese Feststellung ist nicht mehr selbstverständlich. Selbst auf katholischer Seite hat sich die aus dem politischen Bereich übernommene Haltung der „Nichteinmischung in die inneren Angelegenheiten anderer" eingestellt. Der internationale orthodox-katholische Dialog beginnt jeweils in getrennten Gruppentreffen beider Delegationen. Deutlich zeichnet sich eine „Politisierung" der ökumenischen Beziehungen ab, die zugleich eine verhängnisvolle „Entkirchlichung" darstellt. Die Kehrseite der zweiten These lautet also: Der Dialog hat sich von einem theologisch reflektierten, grundlegend kirchlichen Austausch zur Versöhnung und Vertiefung des fundamental gemeinsamen (schwester-)kirchlichen Lebens zu einem überwiegend intellektuellen Austausch souveräner institutioneller Gebilde verwandelt, die nur noch sekundär einen kirchlichen Charakter tragen. Betroffen sind die „Köpfe", aber nicht mehr die sakramentale Leibgestalt der Kirche(n). Insofern wird auch die Katholische Kirche zu einer „autokephalen" Institution neben anderen. Die Fiktion eines Dialogs mit der „Orthodoxen Kirche in ihrer Gesamtheit" beginnt vor diesem Hintergrund mehr zu schaden als zu nutzen. Selbst und gerade wenn der katholisch-orthodoxe Dialog auf der Vereinbarung beruht, dass er nur bilateral mit der Gesamtheit der (ohnehin nur byzantinischen!) orthodoxen Lokalkirchen stattfindet, ist der Zeitpunkt gekommen, um zu sagen: Wenn die orthodoxe Seite diese Gesamtheit nicht mehr an einem Tisch zu versammeln vermag, dann muss der Dialog entweder ausgesetzt oder in mehreren bilateralen Dialogen weitergeführt werden.

Vielleicht musste der Enthusiasmus über eine herandrängende kirchliche Einheit zwischen Ost und West, die während des Konzils von Florenz 1438/39 in der Bulle „Laetentur Caeli" bereits unterzeichnet worden war und die zunächst nach dem Zweiten Vatikanischen Konzil, dann nochmals nach dem Fall des Kommunismus so greifbar nahe schien, abklingen. Nach der ersten Freude an der neuen gegenseitigen Begegnung tritt das unterschwellige Konfliktpotenzial an die Oberfläche und muss bearbeitet werden.

Hier schließt sich eine dritte These an: Die Differenzen zwischen West- und Ostkirchen beruhen auf der „Konfessionalisierung" der christlichen Traditionen. Die Konfessionalisierung wiederum, im größeren Kontext betrachtet, geht aus einer unterschiedlichen Erfahrung und einem verschieden konzipierten Verhältnis von *auctoritas* und *potestas*, von der Einheit und Einzigkeit kirchlicher Sendung im Verhältnis zu den Gestalten weltlicher Ordnung, hervor. Die trennende Dynamik stellt ein Epiphänomen der Ein- und Unterordnung kirchlicher Traditionen unter die „Souveränität" des modernen (National-)Staates dar. Nach dem Ende des oströmischen Kaisertums und damit des Byzantinischen Reichs erhielt der Patriarch von Konstantinopel den neuen Status als Oberhaupt des „Rum Millet" in Unterordnung unter den osmanischen Sultan; die kirchliche Rolle wurde einem politischen Titel ein- und untergeordnet. Moderne Autokephaliebewegungen im Bereich der byzantinischen Kirchen gründen im politischen Streben nach Unabhängigkeit vom Osmanischen Reich. Die Erinnerung, dass die eine Christenheit in der kulturellen Spannungseinheit von „Lateinern" und „Griechen" bestanden hatte, wurde zunehmend ausgelöscht durch die separierenden Konfessionsbezeichnungen „katholisch" und „orthodox". Und doch blieben etwa die Russen bis in das 20. Jahrhundert hinein „Griechen". Erst seit 1943 lautet ihr offizieller Name „Russische Orthodoxe Kirche", während zuvor Namen wie „Griechische russische Kirche des Ostens", verbunden sogar mit dem Titel „katholisch", üblich waren.

In der Katholischen Kirche ist das Phänomen der „Konfessionalisierung" weniger augenfällig. Hat sie nicht ihre antiprotestantische Konfessionalisierung im Zweiten Vatikanischen Konzil überwunden? Ihre Verengung der Perspektive besteht in einem – in der Moderne zunächst auferlegten, dann eingeübten und verinnerlichten – Rückzug aus der Deutungs- und Handlungskompetenz im Bereich der öffentlichen Ordnung in den Sektor des religiösen Bekenntnisses (Konfession!), immerhin korrigiert durch eine transnationale, sakramental verstandene kirchliche Struktur. Die Vermittlung in Politik, Gesellschaft und Wirtschaft hinein erfolgt zunehmend durch Ethik und in „säkularer Sprache" – wenn überhaupt. Auf diese Weise wird das viel zitierte „Säkulare Zeitalter" des *Charles Taylor* nicht als kontextbedingtes Interpretament, sondern als Quasi-Ontologie zum Bezugspunkt für das kirchliche Selbstverständnis und Handeln.

Politische statt politisierte Theologie

Die Blockade im Dialog mit der orthodoxen Welt liegt daher weitgehend im Bereich der sogenannten „nicht-theologischen Faktoren", die in Wahrheit zuhöchst theologisch, vor allem ekklesial relevant sind. Beiden kirchlichen Traditionen fehlt eine verantwortete politische Theologie, die keine „politisierte" Theologie ist, sondern die wiedergewonnene Kompetenz, auf dem gesamten Feld der Geschichte das gemeinsame Bekenntnis aus den spezifischen Quellen des Glaubens einzubringen. Die Kirche ist das politische Projekt Gottes, der die Menschheit und durch sie die gesamte Schöpfung zur Gemeinschaft zusammenfügt, „Bund" oder „Reich Gottes" genannt, und sie damit an seinem eigenen Leben teilhaben lässt. Die politische Konstitution der Menschheit ist die in ihrer Endlichkeit eigenständige und insofern „säkulare" Wirklichkeit, die im Licht von Glaube und Theologie als umfassende Berufung der Schöpfung in Erscheinung tritt. So wurde der Kaiser (in Ost und West!) im ersten Jahrtausend aus gutem Grund „Stellvertreter Christi" genannt, denn er machte deutlich, dass Gott Menschen zur Mitwirkung an seinem Heil ruft: „Dieu règne, mais il ne gouverne pas." So tritt den politisch Herrschenden ein „Sakrament des Heils" in Gestalt der Kirche an die Seite, um sie im Blick auf den einen, wahren Souverän, den Pantokrator Christus, zu ermächtigen und zugleich heilsam zu depotenzieren.

Ost- und Westkirchen sind auf diesem Gebiet komplementär einseitig: Die Ostkirchen neigen – im Westen wohl bemerkt und scharf kritisiert – zu einer religiösen Überhöhung der politischen Ordnung. Je wahrer dieser Vorwurf wird, desto mehr scheint es für die Kritiker überflüssig, ihre eigenen blinden Flecken, die man bekanntlich selbst nicht zu sehen vermag, benennen zu lassen. Selbstkritische Beobachter der westlichen Moderne thematisieren die damit auftauchenden ungewohnten Fragen und zeigen: Wer das Endliche, „Säkulare", als ein „totum" behandelt und darin Herrschaft errichten will, wird tendenziell totalitär und verliert das eine, einigende Prinzip von Frieden und Gerechtigkeit zugunsten konkurrenzhafter und daher konflikt- und kriegsanfälliger Herrschaftsgebilde. Die säkulare Welt ist nicht eine Welt ohne Gott, sondern eine Welt, in der vielfältige Götzen lauern, die sich nicht offenbaren, sondern mit Vorliebe verbergen, wie von *Max Weber* über *Walter Benjamin*, von *Samuel Huntington* bis *William T. Cavanaugh* und *Giorgio Agamben* aufmerksame Zeitgenossen aufdecken.

Wir haben mit der orthodoxen Welt nicht zu viel gesprochen, wie man heute häufig hört, sondern zu wenig und auf die falsche Weise. Der Dialog ist ein Dialog der „Konfessionen" geworden, die sich wiederum als eine Nebenwirkung und schlechte Kopie der säkularen Institutionen zu verhalten neigen. So steht am Ende eine ebenso schlicht klingende wie doch provokante Bilanz: Über eine gute und weitgehend neu zu entwickelnde „politische Theologie" können wir zurückkehren zu einem wahrhaft kirchlichen Dialog, der unserem Zeugnis einen neuen Ernst in der heutigen politischen Weltordnung geben wird. ■

Die orthodoxen Kirchen in Deutschland

Ein buntes Proprium

In Deutschland leben zahlreiche orthodoxe Gläubige. Die Gemeinden wirken häufig zurückgezogen. Doch nicht nur in der Ökumene sind die orthodoxen Kirchen zentrale Player geworden. **VON GEORGIOS VLANTIS**

Eine gewisse liturgische Uniformität der östlichen Orthodoxie, deren Kirchen ausnahmslos den byzantinischen Ritus verwenden, lässt den Eindruck einer überwiegenden Einheitlichkeit der orthodoxen Welt entstehen. Bei genauerem Hinschauen zeigt sich jedoch eine theologisch, kulturell, sprachlich und sogar politisch bunte, in ihrer Verschiedenheit mehr oder weniger versöhnte Kirchenfamilie, deren vielfältige Erscheinungsformen die religiöse Landschaft Deutschlands immer erkennbarer mitprägen. Zurzeit leben laut vorsichtigen, aber gut begründeten Einschätzungen zwischen drei und mindestens vier Millionen Menschen in der Bundesrepublik Deutschland, die orthodox getauft worden sind. Sie gehören einer großen Vielzahl verschiedener Jurisdiktionen an.

Die Geschichte der Orthodoxen Kirche(n) in Deutschland ist eine Migrations- und Migrationengeschichte. Bulgarische, georgische, griechische, nordmazedonische, rumänische, russische, serbische Orthodoxe sowie auch Gläubige des Rum-Orthodoxen Patriarchats von Antiochien und freilich Orthodoxe aus der Ukraine haben in Deutschland Gemeinden oder sogar Diözesen gegründet. Ihre geschichtlichen Wege und folglich ihre Profile, das Tempo ihres ökumenischen oder gesellschaftlichen Engagements, ihre Sorgen und Prioritäten unterscheiden sich entsprechend. Sie sind nicht aus denselben Gründen nach Deutschland gekommen. Die Dauer der Präsenz jeder Tradition in der Bundesrepublik variiert ebenfalls. Die hierzulande tätigen orthodoxen Kirchen unterscheiden sich voneinander deutlich in den Mitgliederzahlen, Strukturen (und deren Rechtsformen) und der finanziellen Stärke.

In mehreren Ländern mit überwiegend orthodoxer Bevölkerung stilisiert sich die Kirche als die einzige Repräsentantin und Hüterin der nationalen Tradition. Das hat Folgen für das Profil der „Diaspora"-Gemeinden. Sie werden als Begegnungsorte wahrgenommen, an denen eine gewisse nationale, kulturelle und sprachliche Identität gepflegt wird, während der Anspruch der Verkündigung in die Gesellschaft an die zweite Stelle rückt. Orthodoxe Gemeinden sind in der Regel introvertiert. Ihr pastoraler Fokus liegt primär auf den Menschen aus den eigenen Herkunftsländern. Übertritte in die Orthodoxie bilden in Deutschland die Ausnahme; weniger als ein Prozent der Orthodoxen sind Konvertiten. Internationale Beispiele wie das der amerikanischen Orthodoxie mit zahlreichen Orthodoxen in der fünften Generation zeigen allerdings: Je tiefer die geschichtlichen Wurzeln in einem Migrationsland reichen, desto mehr kann sich die Kirche vor Ort öffnen.

Die allmähliche Entstehung anderer Begegnungsmöglichkeiten (zum Beispiel Vereine) für Menschen mit Migrationserfahrung entlastet die Gemeinden von der Aufgabe der Bewahrung nationaler Identitäten und eröffnet Freiräume für neue Schwerpunktsetzungen. Das Engagement von stetig mehr Menschen, die in zwei Kulturen beheimatet sind, trägt zum Wandel des Profils der deutschen Orthodoxie bei. Auch dieses Engagement ändert sich, entwickelt sich, bleibt keinesfalls statisch.

In den Heimatländern vorherrschende politische Einstellungen beeinflussen die Ansichten hiesiger Gemeinden oder erklären interne Spannungen, die ihnen anzumerken sind. Offenheit dem Westen gegenüber lassen sich aus historischen Gründen deutlicher in Traditionen wie der griechischen oder rumänischen finden, während in anderen Kontexten antiwestliche Narrative die Oberhand gewinnen. In den vergangenen Jahren konnte man zum Beispiel gewisse Spannungen innerhalb russisch-orthodoxer Gemeinden wahrnehmen, einerseits ethnischer (zwischen Russen und Ukrainern) und andererseits politischer (für oder gegen *Wladimir Putin*) Natur. Diese Spannungen zeigen sich trotz der offiziellen Äußerungen der Bischöfe, die eine Konzentration auf religiöse Aufgaben empfehlen. Interessant zu beobachten ist in den vergangenen Jahren auch das Wachstum von Gemeinden der Ukrainischen Orthodoxen Kirche in Deutschland, deren Verfechter in der Heimat ein sehr kritisches Narrativ gegen *Wolodymyr Selenskyj* vertreten.

Ein Engagement für Menschenrechte, gegen Diskriminierung oder für ökologisches Bewusstsein kann man in der deutschsprachigen Orthodoxie primär auf Bischofsebene feststellen,

Georgios Vlantis wurde 1980 in Athen, Griechenland, geboren. Er hat Theologie und Religionsphilosophie in Athen und München studiert. Von 2009 bis 2011 war er Studienleiter der Orthodoxen Akademie von Kreta; bis 2016 wissenschaftlicher Mitarbeiter an der Ausbildungseinrichtung für Orthodoxe Theologie der Universität in München. Seit Mai 2016 ist er Geschäftsführer der Arbeitsgemeinschaft Christlicher Kirchen in Bayern. Parallel dazu ist er als wissenschaftlicher Mitarbeiter der Theologischen Akademie in Volos, Griechenland, tätig.

ÖKUMENE

besonders in Kontexten ökumenischer Zusammenarbeit; wenig spürt man davon auf Gemeindeebene. Die Rolle der nicht Ordinierten in Entscheidungsfindungsprozessen ist gering, mehrere Gemeinden entfalten allerdings eine beeindruckende Jugendarbeit.

Die allmähliche Entstehung interorthodoxer Strukturen war nicht selbstverständlich. Dazu gehören zum Beispiel die Kommission der Orthodoxen Kirche in Deutschland (KOKiD; 1994–2010) und vor allem seit 2010 die Orthodoxe Bischofskonferenz in Deutschland (OBKD). Dies spricht für den Willen der Orthodoxen, bei aller Vielfalt eine theologische, liturgische, pastorale und überhaupt ekklesiale Einheit zu erleben, zentrifugalen Kräften wie nationalistischen Versuchungen entgegenzuwirken und eine gemeinsame Stimme in der Ökumene und der Gesellschaft zu finden.

Das gilt, auch wenn sich die Zusammenarbeit oft mühsam gestaltet, unter anderem wegen der Unterschiede in den Tempi und Profilen der verschiedenen Kirchen.

Auch der Konflikt um die Autokephalie der Orthodoxen Kirche der Ukraine wirkte sich auf die Orthodoxe Bischofskonferenz in Deutschland aus. So beschloss die russisch-orthodoxe Kirche, ihre Teilnahme an der OBKD ruhen zu lassen. Russischen Geistlichen ist es weiterhin verboten, mit Geistlichen des Ökumenischen Patriarchats und aller anderen Kirchen, die die autokephale Orthodoxe Kirche der Ukraine anerkannt haben, zu konzelebrieren. Inoffiziell und auf verschiedenen Ebenen werden Kontakte weiterhin – und konstruktiv – gepflegt. Die Einheit im Glauben und die entstandenen Freundschaftsbündnisse helfen beim Aushalten von kirchenrechtlichen Streitigkeiten. Von den beachtlichen Früchten der Zusammenarbeit in der OBKD kann man einen „Brief der Bischöfe der orthodoxen Kirche in Deutschland an die Jugend über Liebe – Sexualität – Ehe" (2017) hervorheben; dieses Dokument spricht für die Fähigkeit der Orthodoxie, ihre Botschaft in eine verständliche und moderne Sprache zu übersetzen.

Es gibt eine Ausbildungseinrichtung für Orthodoxe Theologie an der Universität München und weitere akademische Orte, an denen Orthodoxie und Ostkirchenkunde unterrichtet werden. Diese Fächer stehen vor großen Herausforderungen, genauso wie der orthodoxe Religionsunterricht in den Schulen, der in verschiedenen Regionen Deutschlands erteilt wird (vgl. dieses Heft, 27–28).

Auf der lokalen Ebene verläuft die Zusammenarbeit zwischen den Pfarrern aus verschiedenen orthodoxen Kirchen in den meisten Fällen reibungslos. Die Kommunikation zwischen Gemeinden in einem Ort lässt dennoch viel zu wünschen übrig: Begegnungsmöglichkeiten sind eher selten und das gegenseitige Interesse gering. Der Wunsch nach Pflege der eigenen Identität, die mangelnden Begegnungsstrukturen, die Abwesenheit einer gemeinsamen Vision für die Zukunft der Orthodoxie in Deutschland, aber auch kulturelle und sprachliche Barrieren tragen zur Erklärung dieses Phänomens bei.

Die Orthodoxe Kirche versteht sich als die eine, heilige, katholische und apostolische Kirche. Dieses ekklesiologische Selbstverständnis wird von vielen exklusivistisch interpretiert. Der Antiökumenismus ist in vielen traditionell orthodoxen Ländern stark und zeigt sich auch innerhalb der Diaspora-Gemeinden. Vor allem in Gemeinden, die intensive Beziehungen zu Zentren mönchischer Spiritualität pflegen, lässt er sich nicht übersehen. Allen fundamentalistischen Widerständen zum Trotz beweist die rege ökumenische Präsenz der Orthodoxie, dass ihre ekklesiologischen Aussagen auch offener, einladender, inklusiver verstanden werden können. Bilaterale Beziehungen pflegen orthodoxe Kirchen zur römisch-katholischen Deutschen Bischofskonferenz (DBK); seit 2007 gibt es eine Zusammenarbeit auf panorthodoxer Ebene. Einzelne orthodoxe Kirchen pflegen bilaterale Beziehungen zur Evangelischen Kirche in Deutschland (EKD), deren Früchte in einer beachtlichen Anzahl von Publikationen zu finden sind. Auf panorthodoxer Ebene wurde eine Gemeinsame Kommission der EKD und der KOKiD gebildet. Nach Auflösung der KOKiD wurde die Arbeit von der OBKD fortgesetzt.

> Wenngleich die deutsche Gesellschaft immer säkularer wird, zeigt sich das Christentum doch immer bunter.

Die Orthodoxie ist besonders in Gremien der multilateralen Ökumene tätig; diese ermöglichen den Dialog auch mit Kirchen, zu denen es bislang noch keine offiziellen bilateralen Kontakte gibt. 1974 wurde die Griechisch-Orthodoxe Metropolie Mitglied der Arbeitsgemeinschaft Christlicher Kirchen (ACK) in Deutschland. Seit 2000 war die orthodoxe Stimme durch die KOKiD vertreten, seit 2010 durch die OBKD. Verschiedene orthodoxe Kirchen sind auch bei den regionalen ACKs auf Landesebene vertreten sowie bei mehreren ACKs auf lokaler Ebene. Der amtierende Vorsitzende der ACK in Deutschland, *Radu Constantin Miron*, ist Erzpriester der griechisch-orthodoxen Metropolie (vgl. dieses Heft, 7–11); den Vorsitz und die Geschäftsführung in einigen regionalen ACKs haben ebenfalls Orthodoxe inne. Die Orthodoxie ist aus der deutschen Ökumene nicht mehr wegzudenken. Wenngleich die deutsche Gesellschaft immer säkularer wird, zeigt sich das Christentum doch immer bunter. Die Präsenz orthodoxer Kirchen trägt entscheidend dazu bei. Lange wurde die Orthodoxie in Deutschland als etwas Fremdes, fast Exotisches angesehen; bis heute wird sie in der breiten Öffentlichkeit kaum wahrgenommen. Es obliegt der Verantwortung der Orthodoxen, vor allem der in Deutschland aufgewachsenen jüngeren Generationen, diese spannende Welt noch sprachfähiger zu machen. Der kulturelle Kontext Deutschlands bietet sehr gute Bedingungen für eine konstruktive Begegnung der Orthodoxie mit der Moderne, die auch Impulse für die Theologie in traditionell orthodoxen Ländern geben könnte.

An Hindernissen auch praktischer Natur fehlt es nicht. Dazu gehören finanzielle Schwierigkeiten vieler orthodoxer Kirchen, die nicht über Einkünfte aus Kirchensteuern verfügen, bescheidene berufliche Perspektiven für orthodoxe Theologen, Sprachbarrieren und vieles mehr. Und trotzdem sind die Orthodoxen ein unverzichtbarer Bestandteil der deutschen Ökumene und Gesellschaft geworden. Sie erinnern ständig daran, dass interchristlicher Dialog sich nicht auf ein bilaterales Miteinander von römisch-katholischen und protestantischen Christen beschränkt, dass die Christenheit vielfältig und reich an Schätzen ist. An der Vermittlung dieser Schätze, besonders aus dem Osten, werden die Orthodoxen in Deutschland weiterarbeiten. ∎

ÖKUMENE

Orthodoxer Religionsunterricht an deutschen Schulen

Am Freitagnachmittag trifft man sich

Der christlich-orthodoxe Religionsunterricht fördert die Identitätsbildung und Integration von jungen Menschen. Und er birgt durchaus Potenzial für gewinnbringende konfessionelle Kooperationen. **VON MARINA KIROUDI**

Eine junge Frau sortiert ihre Unterlagen im Lehrerzimmer. „Sie habe ich noch nie gesehen. Sind sie neu hier?", fragt der freundliche Lehrer, der den Raum betritt. „Ich bin schon seit dem letzten Schuljahr da. Mein Unterricht ist immer am Freitagnachmittag. Normalerweise ist um diese Zeit niemand außer mir hier", antwortet sie. Was sie unterrichtet? Orthodoxe Religion. „Das gibt es an unserer Schule?! Das wusste ich nicht. Ich freue mich, dass ich Sie kennengelernt habe", erwidert der Kollege. Die Herzlichkeit der kollegialen Begegnung beruht auf Gegenseitigkeit. Es ist ihre erste und gleichzeitig letzte Begegnung; am Freitagnachmittag trifft man sich – oder eben auch nicht.

Ein ordentliches Lehrfach in fünf Bundesländern

Diese Begebenheit spiegelt gewissermaßen die Situation des orthodoxen Religionsunterrichts an deutschen Schulen insgesamt wider. Man begegnet dem Fach nicht ohne Weiteres und doch ist es in fünf Bundesländern ordentliches Lehrfach: in Baden-Württemberg, Bayern, Hessen, Niedersachsen und Nordrhein-Westfalen. In diesen Regionen gibt es größere orthodoxe Communitys. Insgesamt leben mindestens drei Millionen orthodoxe Christen in Deutschland; Tendenz steigend.

Allerdings erreicht der orthodoxe Religionsunterricht weniger als ein Prozent der orthodoxen Schülerinnen und Schüler. Grund hierfür sind die Mindestzahlen, die für die konkrete Einrichtung des Religionsunterrichts an Schulen erforderlich sind und die sich je nach Bundesland zwischen fünf und zwölf Personen bewegen. Diese Anzahl ist in einer regulären

Marina Kiroudi, Dr. theol., wurde 1978 geboren und ist wissenschaftliche Mitarbeiterin am Seminar für Religionspädagogik, religiöse Erwachsenenbildung und Homiletik der Universität Bonn. Von 2003 bis 2007 war sie Mitglied der Lehrplankommission für den orthodoxen Religionsunterricht in Bayern und von 2008 bis 2022 Orthodoxe Referentin und stellvertretende Leiterin der Ökumenischen Centrale der Arbeitsgemeinschaft Christlicher Kirchen in Deutschland.

Foto: www.polarstudio.de

Jahrgangsstufe häufig nicht gegeben. So findet der Unterricht entweder gar nicht oder – in der Regel – jahrgangsstufen- und schulübergreifend und deswegen außerhalb des regulären Schulprogramms statt. Der Freitagnachmittag scheint mithin geradezu prädestiniert für diesen Unterricht zu sein – und kann gar als Synonym für die außerplanmäßige Organisation gesehen werden.

Der „Freitagnachmittag" hat Auswirkungen auf die Wahrnehmung des orthodoxen Religionsunterrichts im doppelten Sinn. Kaum wahrgenommen wird zum einen seine Existenz durch die Allgemeinheit, zum anderen das Angebot als solches durch die Zielgruppe – letzteres bedingt durch die organisatorische Mehrbelastung. Der Großteil der orthodoxen Schülerschaft besucht ein Ersatzfach oder einen konfessionsfremden Religionsunterricht; nicht immer wird die anderskonfessionelle Zugehörigkeit wahrgenommen. Die Lage hat sich seit Ausbruch des Ukrainekriegs noch einmal verschärft. Im März 2024 waren nach Angaben des Ausländerzentralregisters 350.135 Kinder und Jugendliche unter 18 Jahren als Kriegsflüchtlinge registriert, davon sind etwas mehr als 60 Prozent orthodoxe Christen. Ein guter Teil von ihnen besucht deutsche Schulen.

Die Frage nach dem Umgang mit Krieg, Flucht und *Displacement*, Orientierung und Zuversicht an einem neuen Ort mit ungewisser Zukunft ruft förmlich nach dem sinnstiftenden Potenzial von Religion. Der vertraute Glaube bietet in solchen Umbruchsituationen manchmal den einzigen Zufluchtsort und Beheimatung.

Die akute Fluchtsituation vieler mindert gleichzeitig nicht den Wert des orthodoxen

ÖKUMENE

Religionsunterrichts für alle anderen orthodoxen Schüler in Deutschland, die längst vor Ort in der Diaspora leben. In der Auseinandersetzung mit dem eigenen Glauben liegt per se ein Wert. Zugleich wird darin nicht nur eine identitätsstiftende und integrationsfördernde Kraft gesehen, sondern im Sinne des schulischen Bildungsauftrags auch ein Beitrag zur freien Persönlichkeitsentfaltung und zur Mitgestaltung der Gesellschaft. Der Auftrag des orthodoxen Religionsunterrichts kann nicht ohne Weiteres ersetzt werden. Kaum wahrgenommen zu werden, bedeutet nicht, verzichtbar zu sein.

Unabhängig davon, in welchem schulischen Kontext sich orthodoxe Schülerinnen und Schüler bewegen, gilt es, ihnen und ihren Besonderheiten gerecht zu werden. Nur so können Brücken gebaut werden, die langfristig Stabilität bieten. Eine Stärkung des orthodoxen Religionsunterrichts kann eine Stärkung von konfessioneller Kooperation im Religionsunterricht mit sich bringen, die über bisherige katholisch-evangelische Formen hinausgeht und eine orthodoxe Zusammenarbeit einschließt. Dies gilt insbesondere für den anvisierten Christlichen Religionsunterricht in Niedersachsen, der formal für alle christlichen Schüler vorgesehen ist.

Für eine entsprechende Kooperation gibt es bereits ein positives Signal vonseiten der orthodoxen Kirche und erste Schritte der Annäherung. Zur konkreten Umsetzung bedarf es allerdings des gegenseitigen Kooperationswillens und entsprechender Expertise bei der Erarbeitung von Lehrplänen, Unterrichtsmaterial und der Gestaltung von Aus-, Fort- und Weiterbildung für Religionslehrkräfte. Standorte für orthodoxe Theologie bestehen an den Universitäten München und Münster; einen Lehrstuhl für orthodoxe Religionspädagogik gibt es in Deutschland bislang nicht.

Ein Austausch ist nicht nur freitags wünschenswert

Die Ausbaufähigkeit ist evident. Wünschenswert wäre es jedenfalls, den ersten Schritten weitere folgen zu lassen und einen gemeinsamen Weg zu gehen – oder, anders gesagt, aus der einmaligen Begegnung am Freitagnachmittag einen kontinuierlichen Austausch und eine ertragreiche Zusammenarbeit auch an anderen Wochentagen zu etablieren. ∎

Sofia Atlantova und Oleksandr Klymenko: Heilige Irene

Foto: Simone Bastreri, Bischöfliches Generalvikariat Trier

ÖKUMENE

Zum aktuellen Stand des orthodox-katholischen Dialogs

Ungewöhnlich herausgefordert

Politische und theologische Entscheidungen erschweren den Dialog von Orthodoxen und Katholiken. Umso mehr braucht es die Einbindung der Gläubigen. **VON GERHARD FEIGE**

Es sind 60 Jahre her, dass zwischen der orthodoxen und der katholischen Kirche ein – wie es heißt – „Dialog der Liebe" begann. 20 Jahre später wurde daraus auch ein sogenannter „Dialog der Wahrheit" mit theologischen Gesprächen. In vielfältiger Weise – offiziell und inoffiziell, international und national, institutionell und individuell, regional und lokal – wurden daraufhin erfreuliche Fortschritte verzeichnet. Immer wieder gab es aber auch Rückschläge und Krisen. Nach dem Fall des Eisernen Vorhangs waren es vor allem die religionspolitischen Entwicklungen in Osteuropa – wie das Wiederaufleben der unierten Kirche und der Versuch Roms, die katholischen Verhältnisse in der ehemaligen Sowjetunion neu zu ordnen – die zwischenkirchlich belasteten. Nachdem der offizielle Dialog auf Weltebene 2006 wieder hoffnungsvoll in Gang gekommen war, zeigten sich jedoch aufgrund zunehmender Spannungen zwischen Moskau und Konstantinopel bald weitere Schwierigkeiten. Dazu gehört, dass bereits 2007 die russische Delegation die Vollversammlung in Ravenna verließ, zwischenzeitlich zwar noch einmal einlenkte, sich später aber wieder deutlich von den Dialogergebnissen distanzierte. 2016 folgte der Boykott der Orthodoxen Synode auf Kreta durch die Russische Kirche und drei andere Patriarchate. Verschärft wurde der Konflikt, als das Ökumenische Patriarchat 2018 eine eigenständige Orthodoxe Kirche der Ukraine errichtete, die bislang jedoch keine gesamtorthodoxe Anerkennung gefunden hat. Seitdem wähnt sich Moskau im Schisma mit Konstantinopel. Dass Patriarch *Kyrill* den Krieg Russlands gegen die Ukraine seit 2022 sogar religiös rechtfertigt, hat schließlich die Grenzen des Erträglichen überschritten. Auch wenn es weiterhin manche konstruktiven Bemühungen gibt, erscheinen die innerorthodoxen wie die ökumenischen Beziehungen momentan nicht sehr ermutigend und aussichtsreich. Um seine Isolation zu überwinden, versucht das Moskauer Patriarchat inzwischen, sein Verhältnis zu den orientalisch-orthodoxen Kirchen zu intensivieren und auch in Afrika oder Südamerika mehr Einfluss zu gewinnen.

Hatte sich der internationale orthodox-katholische Dialog zunächst mit dem Thema „Synodalität und Primat im ersten Jahrtausend" beschäftigt, konnte bei der letzten Vollversammlung 2023 in Alexandria dazu ein Text über die Entwicklung „im zweiten Jahrtausend und heute" verabschiedet werden.

Gerhard Feige wurde 1951 geboren und ist seit 2005 Bischof von Magdeburg. Er war Professor für Alte Kirchengeschichte, Patrologie und Ostkirchenkunde und Mitglied im Päpstlichen Rat zur Förderung der Einheit der Christen. Feige ist Vorsitzender der Ökumenekommission der Deutschen Bischofskonferenz und leitet die Arbeitsgruppe Kirchen des Ostens.
Foto: Bistum Magdeburg, Michael Uhlmann

Das darf aber nicht darüber hinwegtäuschen, dass dabei die Patriarchate von Antiochien, Moskau, Serbien und Bulgarien nicht vertreten waren. Gilt auch die Regel, dass trotz solchen Fehlens der Dialog fortgeführt wird, wirft das doch die Frage auf, was dessen Dokumente insgesamt überhaupt bewirken können.

Seit Kurzem kommen weitere Probleme hinzu. So hat die vatikanische Erklärung „Fiducia supplicans" zur Segnung gleichgeschlechtlicher Paare in der Orthodoxie beträchtliche Irritationen ausgelöst. Nicht nur die Russische Kirche sieht darin eine „sehr ernste Abkehr von den christlichen moralischen Normen", auch die Koptische Kirche ließ daraufhin den theologischen Dialog mit Rom erst einmal ruhen. Andererseits scheint die Wiedereinführung des Titels „Patriarch des Abendlandes" durch Papst *Franziskus* allseits recht positiv aufgenommen worden zu sein. Zweifellos wirken sich solche Vorgänge auch in Deutschland aus. So hat die Deutsche Bischofskonferenz (DBK) ihre seit 2009 wieder aufgenommenen bilateralen Gespräche mit dem Moskauer Patriarchat aufgrund dessen Kriegshaltung aufgekündigt. Auch der zivilgesellschaftliche Petersburger Dialog – ein deutsch-russisches Gesprächsforum, an dem die Kirchen beteiligt waren – wurde gänzlich aufgelöst. Und der russische Erzbischof in Berlin darf sich auf Anweisung seiner Kirchenleitung nicht mehr an der Orthodoxen Bischofskonferenz in Deutschland und deren Gemeinsamer Kommission mit der DBK beteiligen. Beide Gremien arbeiten dennoch konstruktiv weiter und tragen mit dazu bei, dass über pastorale Texte und geschwisterliche Begegnungen die geistliche Gemeinschaft zwischen Orthodoxen und Katholiken weiterwächst.

Wichtige ökumenische Beiträge leisten zudem das seit 2013 in Paderborn angesiedelte Stipendienprogramm der DBK für orthodoxe und orientalisch-orthodoxe Studierende sowie der 2004 auf Initiative des dortigen Johann-Adam-Möhler-Instituts gegründete inoffizielle internationale orthodox-katholische Arbeitskreis St. Irenäus. Nachdem von ihm bereits eine vielfach beachtete Studie zur Verhältnisbestimmung von Primat und Synodalität in über zehn Sprachen vorliegt, befasst er sich derzeit mit dem Verständnis von Einheit und Schismen. Auch wenn einige Amtsträger und Experten für den „Dialog der Wahrheit und der Liebe" weiterhin besonders verantwortlich sind, wäre es doch hilfreich, noch mehr Gläubige darin einzubeziehen. ∎

ÖKUMENE

Die katholischen Ostkirchen

Einheit in Verschiedenheit

Die katholischen Ostkirchen stehen in voller Einheit mit der römisch-katholischen Kirche. Die Wege dahin waren oftmals verschlungen. Und schließlich bleibt die Frage: Was bedeutet überhaupt Einheit? **VON DIETMAR W. WINKLER**

Mit „katholische Ostkirchen" sind jene Ostkirchen bezeichnet, welche in voller Gemeinschaft mit Rom stehen, die jedoch ihre je eigene ostkirchliche Tradition pflegen. Sie sind auch als „unierte" Kirchen bekannt. Gegenüber den orthodoxen und orientalisch-orthodoxen Kirchen bilden sie meist eine Minderheit, haben sich aber ihre jeweiligen Riten erhalten. Damit stehen sie einerseits den orthodoxen und orientalisch-orthodoxen Kirchen nahe, werden aber andererseits von diesen mitunter als abtrünnig gesehen. Innerhalb der katholischen Kirche sehen sie für sich selbst eine Brückenfunktion zwischen West- und Ostkirche, da sie einerseits in voller sakramentaler und eucharistischer Einheit mit der lateinischen Kirche stehen und mit ihr die römisch-katholische Kirche bilden, und andererseits eine ostkirchliche Liturgie, Tradition und hierarchische Verfasstheit aufweisen.

Gleichberechtigte Teilkirchen

Das Zweite Vatikanische Konzil hält in dem Dekret „Orientalium ecclesiarum" fest, dass innerhalb der katholischen Kirche alle Teilkirchen – seien sie lateinisch oder ostkirchlich – „die gleiche Würde einnehmen, sodass auf Grund ihres Ritus keine von ihnen einen Vorrang vor den anderen hat" (OE 3).
Demgemäß verfügt die römisch-katholische Kirche über zwei unterschiedliche rechtliche Codices: den „Codex Iuris Canonici" (CIC), das Gesetzbuch für die lateinische (Teil-)Kirche, und den „Codex Canonum Ecclesiarum Orientalium" (CCEO), das legislative Äquivalent für die katholischen Ostkirchen.

Die 23 katholischen Ostkirchen sind demnach Kirchen mit eigenem Recht (*ecclesiae sui iuris*; autonome Kirchen). Sie gliedern sich in sechs Patriarchate, vier Großerzbistümer, fünf Metropolitankirchen und neun Eparchien oder Exarchate. Hinzu kommen einige Ordinariate für die Gläubigen des östlichen Ritus, die zu keiner ostkirchlichen Hierarchie gehören und oft dem örtlichen lateinischen Bischof unterstehen.
Quantitativ machen die Ukrainische Griechisch-Katholische Kirche (4,5 Millionen, 25 Prozent), die Syro-Malabarische Kirche (4,3 Millionen, 24 Prozent), die Maronitische Kirche (3,5 Millionen, 20 Prozent), die Melkitische Kirche (1,5 Millionen, 9 Prozent), Chaldäer und Armenier (jeweils ungefähr 600.000 bis 700.000, 4 Prozent) zusammengenommen 86 Prozent der katholischen Gläubigen mit ostkirchlichen Ritus aus. Die anderen Kirchen sind sehr klein von weniger als ein bis drei Prozent.

Die Gründe der Kirchenunionen sind ebenso vielfältig wie die der Kirchentrennungen. Im Mittelalter, insbesondere in den Auseinandersetzungen zwischen *Sacerdotium* und *Imperium*, bildete sich in der lateinischen Kirche ein besonderes Primatsverständnis des Papstes heraus. Die Betonung des Vorranges des Bischofs von Rom in der westlichen Kirche (beispielsweise im Investiturstreit) war notwendig, um von Kaisern, Königen und Fürsten unabhängig zu werden. Dabei ging jedoch das kritische Korrektiv des Ostens und die aus der alten Kirche gewachsene Patriarchatsstruktur verloren. Das lateinische Kirchenverständnis definierte nunmehr die Einheit der Kirche als Einheit unter dem Bischof von Rom und betrieb in der Folge unter den Ostkirchen Mission. Diese Unionsversuche führten jedoch zumeist zu weiteren Spaltungen anstatt zur ersehnten einen Kirche Christi. So sind lediglich aus fast allen Ostkirchen nur Anteile herausgebrochen und heute mit Rom vereinigt.

Die Beweggründe zu den einzelnen Unionen sind ebenso unterschiedlich. Nicht selten gaben nicht nur kirchliche, sondern insbesondere politische, soziale und wirtschaftliche Gründe den Ausschlag dafür, den Kontakt mit der Kirche von Rom zu suchen. Überdies muss der historische Kontext jeder einzelnen Union gesondert betrachtet werden. Einige Beispiele aus dem christlichen Orient mögen hier genügen.
Seit der Zeit der Kreuzzüge gab es zahlreiche Kontakte zwischen der abendländischen (lateinischen) Kirche von Rom und den Kirchen des Orients. Zur Zeit des armenischen Fürstentums von Kilikien (1080–1375) ging der armenische Katholikos *Grigor VI.* (1195–1203) auf einer Synode in Tarsus eine Union mit Rom ein, die 1307 auf einer Synode in Sis besiegelt wurde. Diese Union sollte durch den Schutz des Westens das armenische Herrschaftsgebiet stabilisieren. Durch den einsetzenden Latinisierungsprozess akzeptierten viele Armenier diese Form der Kircheneinheit jedoch nicht. 1344 brach ein Aufstand aus; 1361 nahm eine weiterer Synode in Sis die Verbindung mit Rom ausdrücklich zurück.
Im 12. und 13. Jahrhundert suchten vereinzelt syrisch-orthodoxe Bischöfe, zumeist wegen interner Streitigkeiten, Anschluss an Rom. Aber auch diese Verbindungen waren nicht von Dauer.

Ab dem 13. Jahrhundert entsandte die katholische Kirche Missionare des Franziskaner- und des Dominikanerordens in den Orient. In Jerusalem und Alexandrien kamen die Ordensleute auch mit der koptischen Kirche in Kontakt, jedoch ohne Folgen für die Kircheneinheit.

Die Begegnungen zwischen den Lateinern und der ostsyrischen „Kirche des Ostens" gestalteten sich hingegen durchaus freundlich. Die heutige Assyrische Kirche des Ostens hatte sich von Mesopotamien entlang der Seidenstraße bis nach Zentralasien und China ausgebreitet und bildete bis zum 13. Jahrhundert die geografisch größte Kirche des Mittelalters.

Kirchenhistorisch bedeutsam ist die Reise des ursprünglich aus Peking stammenden ostsyrischen Mönchs *Rabban Sauma*, der Ende des 13. Jahrhunderts als Abgesandter des persischen *Il-Khans Argun* und seines Katholikos-Patriarchen *Yahballaha III.* (1288–1318) nach Konstantinopel, Rom, Paris und Gascony kam. Der englische König *Edward I.* empfing die Eucharistie aus der Hand des chinesisch-mongolischen Mönchs. In Rom durfte Sauma die ostsyrische Liturgie in einer der römischen Basiliken feiern. Am Palmsonntag des Jahres 1288 empfing er die Eucharistie aus der Hand von Papst *Nikolaus IV.* (1288–1292).

Zu einer Union führte dies jedoch nicht. Erst 1552 bahnte sich eine Vereinigung mit dieser Kirche des Ostens an. Aufgrund eines internen Schismas bat Patriarch *Yuhannan Sulaqa* um Hilfe aus Rom. Papst *Julius III.* ordinierte ihn zum „Patriarchen der Chaldäer". Die Union hat bis heute Bestand in der chaldäisch-katholischen Kirche.

Auf der Suche nach neuer Einheit

In der zweiten Hälfte des 13. Jahrhunderts waren die Päpste weiterhin in Auseinandersetzungen mit den deutschen Kaisern verstrickt. Nach dem Tod von Papst *Clemens IV.* 1268 vergingen nahezu drei Jahre, bis die Kardinäle einen neuen Papst wählen konnten, *Gregor X.* (1271). Die politische Situation veranlasste Gregor, die gesamte christliche Welt vereinen zu wollen; die Ostkirchen waren hierbei ein wesentlicher Faktor.

Der Papst suchte ein Abkommen mit dem oströmischen (byzantinischen) Kaiser zu schließen, um die Ost- und Westkirche wieder zur Einheit zu führen. Denn, so seine Überlegung, wenn die Christen vereint wären, sei die römische Kirche gestärkt für die Auseinandersetzungen in Europa, und die Probleme im Heiligen Land könnten gelöst werden.

Gregor X. berief deshalb ein allgemeines Konzil ein, bei dem die Union mit den „Griechen", so wurden die Orthodoxen genannt, das oberste Ziel war. Nach längeren Vorbereitungsverhandlungen trafen 1274 etwa 300 Bischöfe, 60 Äbte und eine große Anzahl an Priestern, viele davon Theologen, in Lyon ein.

Die Griechen waren durch eine Delegation von Kaiser *Michael VIII.* vertreten, die mehr den Kaiser als die Ostkirche repräsentierte. In der vierten *Sessio* ging diese Delegation eine Unionsvereinbarung ein, indem sie das *Filioque*, den päpstlichen Primat, die Lehre vom Fegefeuer und die Siebenzahl der Sakramente *per decretum* anerkannte. Denn der Kaiser war aus politischen Gründen an einer Einheit mit dem Westen und dem Papst interessiert. Die Mehrheit des griechischen Klerus akzeptierte die Union nicht, sodass sie auch nie zur Geltung kam.

Das sogenannte „Unions-Konzil" von Lyon 1274 blieb letztlich zum Scheitern verurteilt, weil zwar der oströmische Kaiser die Ergebnisse bestätigte, die griechische Kirche aber keine reale Möglichkeit hatte, ihre Anliegen frei zu äußern. Ihr wurden die in der scholastischen Theologie des lateinischen Westens entwickelten Auffassungen aufgezwungen.

Erst in der frühen Neuzeit setzten wieder beachtenswerte Unionsbestrebungen ein, die das kirchliche und politische Gewicht des universal verstandenen Papsttums stärken sollten. Die bedeutendste Unternehmung war zweifellos das Konzil von Ferrara-Florenz (1438–1445). Das Ziel war unter anderem die Überwindung des Ost-West-Schismas. Es wurde vom oströmischen (byzantinischen) Kaiser *Johannes VIII. Palaiologos* vehement unterstützt, da er hoffte, ein geeintes Christentum könne ihn vor der Türkengefahr schützen.

Im Juli 1439 proklamierte der Papst die Bulle „Laetentur coeli", die die religiöse Union zwischen Lateinern und Griechen verkündete. Sie wurde mit Ausnahme weniger Orthodoxer von beiden Seiten ratifiziert. Die Entscheidungen ließen sich jedoch wiederum ambivalent interpretieren, je nachdem, ob man sie aus der abendländischen oder östlichen Perspektive sah. Denn auch wenn auf diesem Konzil im Gegensatz zu Lyon 1274 tatsächlich ein Dialog im damaligen Sinne stattfand, wurden trotz aller theologischen Seriosität die Probleme nicht gelöst. Jene Gruppe von Orthodoxen, die der Union entgegenstand, gewann an Einfluss, als die Delegation Italien verließ. Bischöfe, Klerus, Mönche und Kirchenvolk waren auf die Union weder kirchlich-theologisch

> Die Unionsmethoden änderten sich im Laufe der Zeit je nach geografischer und politischer Lage.

Dietmar W. Winkler, Dr. theol., wurde 1963 geboren und ist Professor für Patristik und Kirchengeschichte und Gründungsdirektor des Zentrums zur Erforschung des Christlichen Ostens (ZECO) an der Katholisch-Theologischen Fakultät der Paris Lodron Universität Salzburg; Konsultor im Päpstlichen Rat zur Förderung der Einheit der Christen, Mitglied der Theologischen Kommission der Österreichischen Bischofskonferenz und des Vorstands von Pro Oriente. Veröffentlichung zusammen mit Christian Lange u.a.: Die katholischen Ostkirchen. Herkunft – Geschichte – Gegenwart, Freiburg 2024.

Foto: Michaela Greil – MIG-Pictures e.U

ÖKUMENE

noch psychologisch vorbereitet worden. Auch überschätzte der Westen die kirchliche Rolle des oströmischen Kaisers. Hinzu kam ein politisches Ereignis, das eine Zeitenwende in Europa einleitete: Bevor die Union in irgendeiner Weise im Osten rezipiert werden konnte, fiel Konstantinopel 1453 in die Hand der osmanischen Türken.

Nach den Verhandlungen mit den Griechen galt die Aufmerksamkeit den Kirchen des Orients. Das Konzil tagte bis 1445, wurde allerdings nach fünf weiteren Sitzungen 1442 nach Rom verlegt. Mit den Dokumenten „Exsultate Deo" (22. November 1439), „Cantate Domino" (4. Februar 1442) und „Multa et admirabilia" (30. November 1444) wurden Unionen mit den Kopten und Äthiopiern, den Armeniern und den Syrern erreicht. Doch diese Unionen blieben ohne praktische Folgen, da sie vom gläubigen Volk in den jeweiligen Kirchen nicht angenommen wurden. Die in den Dokumenten enthaltenen dogmatischen Ergebnisse wurden jedoch für spätere Gründungen katholischer Ostkirchen herangezogen.

Zeitalter der Entdeckungen

Das 16. bis 18. Jahrhundert, das Zeitalter der europäischen Entdeckungen, kennzeichnet die komplexe Geschichte der Kirchenunionen und Kirchentrennungen im Nahen Osten, in Indien, Äthiopien und Osteuropa.
Dabei wich das mittelalterliche Modell des Konzils und der Synodalität, die *via concilii*, einem neuen Modell, dem der sogenannten „Rückkehr". Zugrundegelegt wurde das historisch falsche theologische Prinzip, die Ostkirchen hätten sich von der vom römischen Papst geleiteten Kirche abgespalten und müssten daher um des Heils willen zurückkehren. Oft war dies mit politischen Aspekten verbunden, sei es durch die Portugiesen in Indien und Äthiopien, die Habsburger in Osteuropa oder die Franzosen im Nahen Osten. In diese Zeit fallen unter anderem die Unionen von Brest 1595/96 (Ruthenen, Ukrainer), Užhorod 1646 (Slowaken, Ungarn) und Siebenbürgen 1698 (Rumänen), mit dem griechischen Patriarchat von Antiochien 1724 (Melkiten), den Kopten 1741, den Armeniern 1742 und den Syrern 1782.

Die kirchlichen und historischen Kontexte dieser Unionen sind überaus vielfältig. Die Unionsmethoden änderten sich im Laufe der Zeit je nach geografischer und politischer Lage. So gab es Zeiten mit strikten Forderungen nach Übernahme lateinischer Traditionen und Riten, aber auch Zeiten großer Toleranz anderen Sitten und Bräuchen gegenüber. Die ekklesiologische Bewertung ist nicht in jedem Fall die gleiche, und gerade in der Verschiedenheit der Unionen ist erkennbar, welches Kirchenverständnis jeweils als Grundlage diente.

Zwei Grundtendenzen sind allerdings herauszulesen. Die meisten Unionen entstanden in einer Zeit, in der sich die getrennten Kirchen trotz aller Verständnisschwierigkeiten noch gegenseitig als Kirchen anerkannten. Jede Kirche definierte die jeweils anderen zwar als fehlerhaft, doch sprach man sich gegenseitig das Kirche-Sein nicht ab. Dieses Denken bewog dazu, auf die „fehlerhaft" gewordene Kirche einzuwirken und sie zur Rückkehr zum wahren Glauben zu bewegen. Meist beschränkte man sich auf die Annahme bestimmter theologischer Formeln (Christologie von Chalcedon, Filioque und andere) und den Verzicht auf einige liturgische Bräuche (unvermischter Wein, ungesäuertes Brot). Westlicherseits stand immer auch die Anerkennung des Bischofs von Rom als Oberhaupt der Kirche im Vordergrund. Auf diese Weise entstanden Kirchen, die einerseits weiterhin in der Tradition jener Kirchen standen, mit welchen sie nach dem Unionsabschluss die Gemeinschaft verloren hatten, die andererseits aber nicht die Lebensform jener Kirche übernahmen, mit der sie in Gemeinschaft traten.
Die sich im Westen allmählich durchsetzende Überzeugung, die einzig wahre Kirche sei die römisch-katholische, führte sodann auch zur Förderung von Einzelkonversionen. Wer als Mensch zur allein heilbringenden und seligmachenden Kirche gehören wollte, musste zur Kirche mit dem Bischof von Rom an der Spitze gehören. Es wurde als Gewissenspflicht erachtet, jenen Christen, die sich außerhalb dieser Kirche befanden, den Weg zur „wahren" Kirche zu zeigen. Es galt das Heil der sonst Verlorenen zu retten. Eine solche Tendenz war jedoch nicht ausschließlich eine lateinische Spezialität. Auch aufseiten der Ostkirchen sah man das westliche Christentum als vom wahren Glauben abgekommen.

Auf dem Weg zu einem Neuansatz: das Zweite Vatikanum

Mit Papst *Leo XIII.* (1878–1903) setzte im 19. Jahrhundert eine Welle neu erwachten Interesses an den Ostkirchen ein. Er verfasste eine einzigartige Vielfalt päpstlicher Schreiben, darunter „Grande munus" (1880) über das Werk der Slawenapostel Kyrill und Methodius, „Orientalium Ecclesiarum Ritus" (1881) über die Liturgie der Ostkirche, „Praeclara gratulationis" (1882) über die Abschaffung der Formel *in partibus infidelium* (im Gebiet der Ungläubigen) für die Regionen der Ostkirche und die berühmte Enzyklika „Orientalium Dignitas" (1894).
Nach einer Periode mageren Engagements für die Ostkirche unter Papst *Pius X.* unternahm *Benedikt XV.* (1914–22) während des Ersten Weltkriegs im Jahr 1917 zwei wichtige Schritte: Die Schaffung einer eigenen „Kongregation für die Ostkirche" und die Gründung des „Päpstlichen Orientalischen Instituts" für Ostkirchenforschung und -bildung. Dies und weitere Entwicklungen führten schließlich auf dem Zweiten Vatikanischen Konzil (1962–1965) zu einem völlig neuen ökumenischen Ansatz. Der Uniatismus im Sinne einer Rückkehrökumene wurde als falscher Weg erkannt; er entspricht nicht mehr der katholischen Theologie. Die Geschichte kann jedoch nicht zurückgedreht werden. Deshalb wurden die katholischen Ostkirchen in dem Dekret „Orientalium Ecclesiarum" ausdrücklich gewürdigt.

Ohne den Uniatismus der Vergangenheit und die damit verbundenen Kirchenspaltungen gutzuheißen, muss man heute, im Zeitalter der ökumenischen Dialoge, den katholischen Ostkirchen ihren Platz zugestehen. Nicht gegenseitiges Aufrechnen darf im Mittelpunkt des Dialoges stehen, sondern geschwisterliche Beziehungen mit dem Ziel der vollen Gemeinschaft in Glaube, Leben und Zeugnis. ∎

REPORTAGE

Erfahrungen aus der autonomen Mönchsrepublik Athos

Wo die Uhren anders ticken

Wer den Athos besuchen möchte, muss männlich sein – und strenge Regeln beachten. Vor Ort liegen Faszination und Skurrilität eng beieinander. **VON CHRISTOPH MARKSCHIES**

Ich sollte es gleich zu Beginn klarstellen: Ich bin weder ein evangelischer Experte für das Mönchtum auf dem Athos noch einer von den Menschen, die von der Orthodoxie so fasziniert sind, dass sie im Grunde lieber deren Gottesdienste besuchen als die der eigenen Konfession. Es hat vielmehr ziemlich lange gedauert, bis ich nicht nur rational begriffen, sondern auch emotional nachvollzogen habe, dass die nächstliegende Parallele zu vielem, was mich von Berufs wegen am antiken Christentum interessiert, in orthodoxen Gottesdiensten, in orthodoxer Theologie und eben im orthodoxen Mönchtum zu finden ist.

In der Antike waren bestimmte Landschaften mit Klöstern und Einsiedeleien geradezu vollgepflastert – „die Wüste eine Stadt" lautet ein Satz, der diese monastische Prägung bestimmter Landschaften in Ägypten, Palästina oder Syrien schön in ein Bild bringt. Das beeindruckendste Beispiel für eine solche monastische Landschaft, das die großen Umwälzungen der letzten Jahrhunderte überlebt hat, ist der östlichste Finger der griechischen Halbinsel Chalkidiki, rund 43 Kilometer lang und nicht einmal zehn Kilometer breit. „Athos" wird sowohl ein über 2000 Meter hoher Berg an der Südost-Spitze des Fingers genannt (den ich mich im Unterschied zu einigen gut trainierten Mitgliedern meiner ersten Reisegruppe vor drei Jahren nicht getraut habe zu besteigen) als auch der ganze Finger der autonomen Mönchsrepublik, der vom griechischen Festland durch einen unüberwindbaren Zaun getrennt ist.

Christoph Markschies wurde 1962 geboren und ist Präsident der Berlin-Brandenburgischen Akademie der Wissenschaften. Seit 2004 ist er Professor für Patristik an der Humboldt-Universität Berlin, deren Präsident er von 2005 bis 2010 war. Studium der Evangelischen Theologie, klassischen Philologie und Philosophie in Marburg, Jerusalem, München und Tübingen, dort auch Promotion und Habilitation.

Foto: BBAW, Pablo Castagnola

Wer männlichen Geschlechts ist und ein Einreisevisum für den Besuch (*Diamonitirion*) ergattert hat, fährt mit dem Schiff vom Hafen Ouranoupoli nach der Einreise in Daphni zu einer der weiteren Fährstationen, verlässt das Schiff und geht zu Fuß zu einem der 20 Klöster oder einer der 22 kleineren oder größeren Mönchssiedlungen und weiteren Einsiedeleien. Darunter findet sich jeweils ein bulgarisch-, russisch- und serbisch-orthodoxes Kloster, die anderen sind griechisch-orthodox. Die meisten dieser Gemeinschaften besitzen inzwischen kleine Transporter; es gibt sogar ein Straßensystem mit wenigen Taxis. Aber die allermeisten Klöster und Einsiedeleien sind nach wie vor nur durch Wanderpfade verbunden, von der Küste führen steile Wege hinauf zu den Klöstern am Berghang. Zweimal bin ich mit einer Reisegruppe unter kundiger Leitung von Kloster zu Kloster gewandert oder mit dem Schiff von einer Anlegestelle zur nächsten – und, es sei ehrlich zugegeben, auch zweimal mit dem Taxi von einer Seite der Halbinsel zur anderen gefahren.

Den Berg darf seit vielen Jahrhunderten nur eine einzige Frau, nämlich die Gottesmutter Maria, betreten. So müssen sich alle Menschen ohne Einreiseerlaubnis mit einem Blick aus der Ferne von einem Boot aus begnügen, das die Halbinsel in vorgeschriebenem Abstand umrundet. Und da die Anzahl der Besucher begrenzt ist, muss man sich früh um eine Besuchserlaubnis bemühen, die Ausländern meist nur für wenige Tage (in der Regel vier) gewährt wird. Der heilige Berg soll der Ruhe des mönchischen Lebens dienen und nicht von Touristen überflutet werden.

Das älteste Kloster auf dem weitestgehend bewaldeten Finger wurde im 10. Jahrhundert gegründet. Die Klöster bilden nach antikem Vorbild zusammen eine Republik, in deren quasi parlamentarischer Versammlung das Stimmrecht nach der ursprünglichen Größe und Bedeutung verteilt ist. Alle Klöster verfügen neben der zentralen Klosterkirche oft über weitere Kapellen, einen großen Speisesaal, das Refektorium und meist auch eine Bibliothek, häufig auch ein kleines Museum. Viele besitzen wertvolle Handschriften, kostbare kirchliche Gegenstände und Gewänder. Einige sind in Kirche, Kreuzgang und Refektorium mit kostbarer mittelalterlicher Wandmalerei geschmückt. Gäste werden je nach dem Reichtum des Klosters in einer Art eigenem Pilgerhospiz mit vergleichsweise eleganten Einzel- und Mehrbettzimmern aufgenommen, manchmal aber auch in relativ schlichten Schlafsälen. Geld kostet die Übernachtung nicht, aber es wird eine Spende erwartet und meist auch das Verlassen des Klosters am nächsten Tag. Durchaus nicht alle, die von Kloster zu Kloster wandern, interessieren sich für das orthodoxe Mönchtum; die herrliche Landschaft, die bezaubernden Buchten und die wenig berührte Vegetation ziehen immer mehr Naturfreunde an. Gern gesehen wird das in vielen Klöstern nicht, Baden in Sichtweite eines Klosters ist unerwünscht. In meiner Reisegruppe fand sich beide Male ein kluger griechisch-orthodoxer Theologe. Deshalb wurden wir bei meinen zwei Reisen mit ausgesuchter Höflichkeit empfangen. Oft

REPORTAGE

bewirtete uns der Abt mit Kaffee und Süßigkeiten in einem Audienzraum, immer wurden wir ins das Refektorium der Mönche gebeten und meist, wie es die Höflichkeit gebietet, in der Nähe des Abtes platziert.

An Wochentagen gibt es Linsensuppe, Obst, Brot und Käse, dazu klares kühles Wasser – und man braucht nach einem langen Wandertag unter der heißen Sonne auch nicht mehr, um glücklich zu sein. Meine Griechischkenntnisse reichen halbwegs aus, um die Lesungen zu verstehen; meist leben in den Klöstern aber auch Menschen mit Englisch oder Deutsch als Muttersprache, die einem etwas erklären können. Man wird zu den Stundengebeten und in die Morgenliturgie eingeladen; letztere findet selbstverständlich vor dem Frühstück statt. In den Gottesdiensten zeigt sich, wie streng das jeweilige Kloster die Orthodoxie versteht: In vielen Klöstern darf der Besucher in den Kirchenraum hineingehen und teilnehmen, in einigen aber muss man als evangelischer oder katholischer Christ im Vorraum (*Narthex*) verbleiben. Ein einziges Kloster hat die Gemeinschaft mit dem Ökumenischen Patriarchen in Konstantinopel wegen dessen ökumenischen Engagements aufgekündigt; es lässt natürlich westliche Häretiker gar nicht erst herein. Reliquien spielen eine große Rolle, sie werden nach dem Gottesdienst gezeigt und erklärt. Soll man sie, wie die Orthodoxen es tun, mit einem Kuss verehren? Darüber denken interessanterweise westliche Theologen unabhängig von ihrer Konfession sehr unterschiedlich nach.

Von Handy und Müllabfuhr

Natürlich fragt man sich, wenn man auf dem Athos die Autos einer gut funktionierenden Müllabfuhr sieht (dem Ökumenischen Patriarch ist bekanntlich die Bewahrung von Gottes Schöpfung sehr wichtig) oder einen Mönch besorgt beziehungsweise erfreut auf sein Handy blicken sieht, ob hier tatsächlich noch ein klassisches byzantinisches Mönchtum überlebt hat, in dem es vor allem um die innere Ruhe, das beständige Gebet und die Schau des göttlichen Lichts geht. Eine halbwegs befriedigende Antwort müsste nun zwischen den einzelnen Klöstern und ihren Gemeinschaften differenzieren. Rund 2000 Mönche, davon viele mit gutem Bildungshintergrund und Berufen, die einen Hochschulabschluss voraussetzen, lassen sich schlecht über einen Kamm scheren. Im Kloster Grigoriou beispielsweise hängen vor dem Refektorium zwei handelsübliche Küchenuhren. Eine Uhr zeigt die byzantinische Zeit, nach der Mitternacht immer auf den Sonnenuntergang fällt und zudem die zwölf Stunden von Tag und Nacht je nach Jahreszeit mal kürzer und mal länger ausfallen. Die andere Uhr zeigt die osteuropäische Sommerzeit mit jeweils gleich langen Stunden von jeweils 60 Minuten. Beide Uhren wurden vor einigen Jahren in Thessaloniki gekauft. Die erste Uhr muss jeweils mit der Hand nachgestellt werden. Sie zeigt die Zeit, nach der sich der liturgische Kalender richtet und die Gottesdienste beginnen. Andere, historische Uhren anderer Klöster zeigen ohne solche zeitgenössischen Hilfen die byzantinische (und in Wahrheit viel ältere) Zeitmessung. Ich fragte in Grigoriou einen Mönch neugierig, wer von seinen Brüdern noch nach der byzantinischen Zeit lebt, obwohl das Handy doch die übliche griechische Festlandszeit anzeigt. Er antwortete: „Nur noch die älteren Brüder".

Aber das gilt für Grigoriou. In Vatopedi, auf der anderen Seite des Fingers, schlug mir letztes Jahr ein aus einer deutsch-griechischen Familie stammender Mönch vor, am nächsten frühen Morgen mit ihm zum Gottesdienst zu einer Einsiedelei vor dem Kloster zu wandern – da gäbe es etwas Wichtiges zu sehen, man könne dort den morgendlichen Gottesdienst besuchen und sei wieder rechtzeitig zum Frühstück zurück im Kloster. Ich folgte seiner Einladung und wanderte nächtens zur Einsiedelei, aus der Gesang tönte. Erst nach der morgendlichen Liturgie war es so hell, dass ich Details des Gebäudes erkennen konnte.

Wundertätige Ikonen und Holzlatten

Neben einer Kapelle befand sich eine Zelle, in der bis 2009 ein berühmter Altvater als Einsiedler gelebt hatte. Er besaß in seiner Klause nicht nur eine wundertätige Ikone der Gottesmutter Maria, die als Zeichen ihrer Wundertätigkeit einen besonderen Wohlgeruch abgeben soll – so, wie auch in der Antike von wundertätigen Bildern und Reliquien berichtet wurde, die Duft verströmten und keinen Modergeruch. In der Zelle stand neben einem Bett und zwei Schränken ein Plastikstuhl. An einem der Schränke lehnte eine rohe, helle Holzlatte. Auf meine Frage nach dem Zweck erklärte der mich begleitende Mönch, damit habe sich der Altvater gegen die Unterschenkel geschlagen, wenn er „sündige Gedanken" hatte und diese nicht anders vertreiben konnte. Als er 2009 im biblischen Alter von 88 Jahren verstarb, hätten sich vor dem Eintritt der Leichenstarre seine Gesichtszüge, die noch alle Spuren eines Todes durch Ersticken trugen, in heiteres Lächeln verkehrt – „auch ein Wunder", bemerkte mein Führer. Auf dem Rückweg zum Kloster und zum (wegen eines Marienfestes ungewohnt reichen) Frühstück erzählte er mir, dass der spirituelle Wiederaufstieg des Klosters, das Ende der Sechzigerjahre wie die ganze Klosterlandschaft des Athos kurz vor dem Aussterben gestanden hätte, eng mit dem betreffenden Altvater und dessen geistlichen Lehrer verbunden sei. Diese beiden hätten mit ihren Schülern viele Menschen neu auf den Athos gezogen und für ein Leben als Mönche oder Einsiedler gewonnen. Jetzt lebten mit ihm über 120 Brüder im Kloster Vatopedi.

Handy und Müllabfuhr im einen Kloster, wundertätige Ikonen und Holzlatten gegen „sündige Gedanken" in der Einsiedelei nebenan. Ein wohlschmeckendes Essen zweimal am Tag bei den einen, bei den anderen extremes Fasten, mehrere Wochentage hintereinander. Auch der Athos hat sich diversifiziert. Im Klostershop werden mehrere Sorten eines biologisch angebauten Honigs verkauft, der ganz vorzüglich schmeckt. Und die Biografie des Mönchsvaters, der sich mit der Holzlatte schlug, gibt es sehr preiswert in vielen Sprachen zu kaufen. Es gibt in den meisten Klöstern Internet, wenngleich der Abt entscheidet, wer das Passwort erhält. Es ist auf dem Athos natürlich nicht so bunt und vielfältig wie in der durch einen Zaun abgetrennten säkularen Welt Griechenlands. Aber jedes Kloster, jedes Mönchsdorf, jede Einsiedelei hat ihren eigenen Charakter in der Einheit einer orthodoxen Welt. Antike und Mittelalter sind dort lebendig, aber auch die Welt unserer Tage. Vermutlich stößt all das in den Gemeinschaften härter aufeinander, als es ein Besucher mitbekommt. Auch die Orthodoxie transformiert sich. Sogar auf dem Athos. ∎

THEOLOGIE

Das Ringen um christologische Grundfragen entzweite Ost und West

Gott und Mensch

Die Frage nach dem Verhältnis von Gott und Mensch in dem einen Christus beschäftigte die Kirche der ersten Jahrhunderte. Die dort errungenen Glaubensaussagen waren nicht selten Grund für erste Kirchenspaltungen. In mancher christologischer Aussage konnten die Konfessionen bis heute keinen Konsens erreichen. **VON THERESIA HAINTHALER**

Eine für die Christologie grundlegende Entscheidung liegt bereits mit dem Konzil von Nizäa (325) vor, in dessen Glaubensbekenntnis formuliert wird: „Wir glauben (…) an (den) einen Herrn Jesus Christus, den Sohn Gottes, gezeugt aus dem Vater, eingeboren, das heißt aus dem Wesen des Vaters, Gott aus Gott, Licht aus Licht, wahrer Gott aus wahrem Gott, gezeugt nicht geschaffen, wesenseins (*homoousios*) dem Vater, durch den alles geworden ist im Himmel und auf der Erde." Mit den Formulierungen „das ist aus dem Wesen des Vaters", „wahrer Gott aus wahrem Gott", „gezeugt, nicht geschaffen", „wesensgleich (*homoousios*) dem Vater" wird die Lehre des alexandrinischen Presbyters *Arius* und seines Kreises ausgeschlossen. Sie begriffen Jesus Christus gerade nicht als gleichwesentlich mit dem Vater und als wahren Gott, nicht als *homoousios*, sondern als erstes Geschöpf Gottes.

Das Homoousios und die Anerkennung Nizäas waren bis zum Konzil von Konstantinopel (381) umstritten und umkämpft, was in einer Vielzahl von Synoden mit immer neuen Glaubensbekenntnissen zum Ausdruck kam. Das Bekenntnis von Konstantinopel I wurde bekannt als das Nizäno-Konstantinopolitanum, da es große Ähnlichkeit mit dem Nizänum besitzt. Es entfaltete die Lehre über den Heiligen Geist, fügte Aussagen über die Kirche (die eine, heilige, katholische und apostolische Kirche) hinzu sowie das Bekenntnis zur Taufe als Sündenvergebung und zur Auferstehung der Toten.

Im 5. Jahrhundert war die Autorität des Nizänums unbestritten und galt bei Streitfragen als Norm der Rechtgläubigkeit. Das zeigt sich deutlich im Konzil von Ephesus (431), das den Streit zwischen *Cyrill von Alexandrien* und *Nestorius von Konstantinopel* klären sollte und damit zwischen der alexandrinischen und der antiochenischen Schule, aber es endete mit der Verurteilung des Nestorius.

Eine oder zwei Naturen

Die Debatte, ob von Christus eine oder zwei Naturen ausgesagt werden können, führte zu erbitterter Polemik auf beiden Seiten. Es handelte sich nicht nur um einen Streit um Worte. Die Protagonisten in den christologischen Auseinandersetzungen verstanden diese Frage als eine Frage, die eng mit unserem Heil zusammenhängt. Ein bloßer Mensch kann uns nicht erlösen, das kann allein Gott. Der transzendente Gott aber kann sich nicht einfach mit etwas Geschöpflichem verbinden. Wie also soll es zu einer Einheit von Gottheit und Menschheit kommen? Wenn beide sich vermischen und zu einem neuen Geschöpf werden, wie ist es noch Gott und wie ist es Mensch? Hat Christus eine Natur oder zwei? Was ist überhaupt mit Natur gemeint, was mit *persona*, *prosopon*, *hypostasis*?

Die Definition von Chalcedon am 22. Oktober 451 formulierte nach einer Beschreibung der Menschwerdung in eher kerygmatischer Sprache nun in technischer Sprache: ein und derselbe Christus Sohn, Herr (*kyrios*), Eingeborener, in zwei Naturen (*en dyo physesin*) ohne Vermischung oder Verwandlung, ohne Teilung oder Trennung erkennbar, auch im Zusammenkommen zu einer Person (*prosopon*) und einer Hypostase (*hypostasis*).

Dazwischen ist eine wichtige Präzisierung eingeschoben: Niemals wird der Unterschied der Naturen aufgehoben der Einung wegen (aus Cyrills 2. Brief an Nestorius), vielmehr wird die Eigentümlichkeit jeder der beiden Naturen bewahrt (aus dem „Tomus Leonis" an *Flavian*). Kurz gefasst: „ein und derselbe Christus ist in zwei Naturen unvermischt und ungetrennt eine Person"; man spricht von der Zwei-Naturen-Lehre, vom *Dyophysitismus*.

Die Gegner des Konzils, Anhänger der strikt alexandrinischen Richtung, lasen aus den Worten „in zwei Naturen" zwei Subjekte, eine Zwei-Söhne-Lehre und Nestorianismus. Sie blieben bei der Mia-Physis-Formel („*mia physis tou theou logou sesarkomene*", „die eine fleischgewordene Natur des Gott-Logos"). Sie bekennen also *eine* Natur in Christus, nicht zwei Naturen. Die Bezeichnung „Monophysiten" ist Anfang des 7. Jahrhunderts belegt. Sie trifft sicher nicht zu, da keine Mono-Natur, sondern eher eine einzige zusammengesetzte Natur gemeint ist. Sie wird entsprechend vehement von den Angehörigen dieser Kirchen zurückgewiesen, die stattdessen die Bezeichnung „Miaphysiten" akzeptieren.

Die Mia-Physis-Formel wurde freilich von Cyrill von Alexandrien in dem schlichten Glauben übernommen, sie sei von seinem verehrten Vorgänger *Athanasius von Alexandrien* geprägt. Stattdessen stammt die Formel von *Apollinarius von Laodicaeam*, der sie in

THEOLOGIE

Theresia Hainthaler, Dr. theol., wurde 1947 geboren und lehrte von 2007 bis 2016 als Honorarprofessorin für Christologie der Alten Kirche und Theologie des christlichen Ostens an der Philosophisch-Theologischen Hochschule Sankt Georgen. 1994 übernahm sie von Alois Grillmeier die Verantwortung für das Forschungsprojekt „Jesus, der Christus im Glauben der Kirche". Sie ist seit 1994 im ökumenischen Dialog, besonders mit Kirchen des Ostens, und internationalen Dialog-Kommissionen tätig.

seiner Schrift „Ad Iovianum" verwendet. Denn nach der Verurteilung des Apollinarius, insbesondere auf dem Zweiten Ökumenischen Konzil von Konstantinopel 381, verbreiteten seine Anhänger die Schriften des verehrten Meisters unter den Namen orthodoxer Väter wie Athanasius, *Julius* und *Felix von Rom* sowie *Gregor Thaumaturgos*. Es handelt sich um eine der erfolgreichsten und wirkmächtigsten „Fälschungen" der Kirchengeschichte, die erst im 6. Jahrhundert voll aufgedeckt wurde.

Cyrill hat die Mia-Physis-Formel nach 431 in Briefen an seine Anhänger erläutert und verteidigt. Der frühe Cyrill freilich, das heißt bis zur nestorianischen Kontroverse ab 428, kennt diese Formel nicht. Sie wurde später auch von Chalcedoniern orthodox interpretiert.

Nach Chalcedon und nach Jahrzehnten wechselnder Zugehörigkeiten der Hierarchen bildeten sich schließlich getrennte Hierarchien von Antichalcedoniern und Chalcedoniern. Die so entstandenen antichalcedonischen Kirchen (oder Kirchen der ersten drei ökumenischen Konzile) bezeichnet man in der Konfessionskunde als Orientalisch-Orthodoxe Kirchen, zu denen im Einzelnen gehören: die Koptisch-Orthodoxe Kirche von Alexandrien, die Syrisch-Orthodoxe Kirche von Antiochien, die Armenisch-Apostolische Kirche (mit dem Katholikat von Etchmiadzin aller Armenier und dem Katholikat von Kilikien), die Äthiopisch-Orthodoxe Tewahedo Kirche, die 1994 errichtete Eritreisch-Orthodoxe Tewahedo-Kirche und die Orthodox-Syro-Malankaren in Südindien.

Den strikten Antiochenern hingegen, die nach dem Konzil von Ephesus 431 (mit der Verurteilung des Nestorius) die Union von 433 nicht akzeptieren wollten, blieb nur übrig, in das Persische Reich auszuweichen, in dem die Christen stets eine Minderheit darstellten. In der Schule von Nisibis wurde ab Mitte des 5. Jahrhundert die Exegese und Theologie *Theodors von Mopsuestia* gelehrt, der als der Exeget *kat'exochen* galt.

Aus dem 6. Jahrhundert sind die Beschlüsse der ostsyrischen Synoden im „Synodicon Orientale", der Sammlung von Synodalentscheidungen der Persischen Kirche ab 410, auf Syrisch überliefert. Sie zeigen, dass es sich bei der Assyrischen Kirche des Ostens um eine theodorianische Kirche handelt, nicht aber um eine „nestorianische", wie sie Gegner später polemisch nannten.

> Es handelte sich nicht nur um einen Streit um Worte. Die Protagonisten in den christologischen Auseinandersetzungen verstanden diese Frage als eine soteriologische Frage, die eng mit unserem Heil zusammenhängt.

Die christologische Entscheidung von Chalcedon wurde zunächst kaum wahrgenommen; zu der Reichssynode waren ohnehin keine Bischöfe aus Persien eingeladen gewesen. Im 7. Jahrhundert polemisierte etwa *Isho'yahb II.* (628–646) gegen Chalcedon: Zwar habe man mit dem Bekenntnis zu den zwei Naturen die besten Absichten gehegt, aber durch die eine Hypostase die reine Lehre verdorben.

Der sogenannte Neuchalcedonismus besteht aus einer Auffüllung der Sprache Chalcedons durch zusätzliche cyrillische Termini und Formeln, insbesondere aus den 12 Anathematismen Cyrills. Dieser gemäßigte Neuchalcedonismus findet sich bei wenigen Autoren in Jerusalem. In Antiochien sind dazu *Ephraem* und *Anastasius von Antiochien*, in Alexandrien ist *Eulogius* zu nennen. Allerdings sind viele der Schriften sowohl von Ephraem und Eulogius nur aus dem Referat des *Photius* greifbar. Photius zeigt aber neuchalcedonische Tendenzen. Wie weit er – bei aller großen Gelehrsamkeit und seinem überaus eindrucksvollem Fleiß – seine eigene Sicht dominieren lässt, wäre eigens zu untersuchen.

Armenien sprach sich auf dem Zweiten Konzil von Dvin (555) für eine Christologie julianistischer Prägung aus; *Severus von Antiochien* wurde mit dem Anathem belegt, die Zwei-Naturen-Lehre ohnehin. Dieser Schritt war jedoch eher von dem Kampf gegen die persischen Diphysiten motiviert und lässt eine nur geringe Kenntnis der christologischen Streitigkeiten erkennen. In dieser Zeit wirkten die Schriften des *Timotheus Aelurus von Alexandrien* nach, die ins Armenische übersetzt wurden.

Das benachbarte Georgien, vielfach verflochten mit seinen Nachbarn, entschied sich dagegen für den Chalcedonismus, wie die Korrespondenz zwischen dem Katholikos *Kiwrion* und Papst *Gregor dem Großen* zu Beginn des 7. Jahrhunderts verdeutlicht, und es ist dabei geblieben.

In der Persischen Kirche entwickelte *Babai der Große* (gestorben 628), herausgefordert durch das Konzept von der zusammengesetzten Hypostase auf (neu-)chalcedonischer Seite, eine Hypostasen-Christologie. Die einfache Formel „zwei Naturen und ein Prosopon" führte er fort zu „zwei Naturen, zwei Hypostasen, ein Prosopon". In seinem Hauptwerk „De unione" kämpfte Babai gegen *Philoxenus* und zugleich gegen die Neuchalcedonier. Alle Linien antiochenischer Tradition fließen bei ihm zusammen: Man findet das liturgische Prosopon Christi, wonach dem einen Herrn Ehre, Macht und Anbetung gebühren, ferner den Gedanken des Offenbarungsprosopons (vgl. 1 Tim 3,16). Gelegentlich erscheint der Gedanke (wie bei Theodor und Nestorius), dass die Menschheit Christi seine Gottheit verbirgt. Uneingeschränkt bekennt sich Babai zur Vereinigung (der beiden Naturen) vom ersten Augenblick der Empfängnis an. Babai macht von der aus dem „Tomus Leonis" stammenden Formel „salva igitur proprietate utriusque naturae" verblüffend häufigen Gebrauch. Das „Wie?" der Vereinigung von Unendlichem im Endlichen übersteige allen Verstand. Die Einheit in Christus ist bei Babai von außerordentlicher Stärke und gültig für immer, sogar „mehr" noch als eine hypostatische Einung, und dies wegen des göttlichen Logos.

Arabische Christen sind bereits zu Beginn des 4. Jahrhunderts dokumentiert. Sie lassen sich in allen christologischen Strömungen finden. Es gibt darunter Chalcedonier, wie etwa den Erzbischof *Elias von Jerusalem* (494–516), der arabischer Herkunft war und dessen chalcedonische Positionierung vom heiligen *Sabas* und dem Archimandriten *Theodosius* (dem Führer der koinobitischen Mönche) kraftvoll unterstützt wurde. Ferner gibt es Kämpfer gegen den Arianismus, wovon die Berichte über die Sarazenenfürstin *Mavia* und den Mönch *Mose* erzählen (Ende des 4. Jahrhunderts).

Es sind auch Antichalcedonier zu nennen, wie der berühmte Ghassanidenfürst *Harith*. Sein Eingreifen rettete die vom Aussterben bedrohte antichalcedonische Hierarchie: Er bat 542/543 Kaiserin *Theodora*, die Gemahlin Justinians, um Vermittlung, damit der (exilierte) Theodosius von Alexandrien Bischöfe weihte; es waren dies *Jakob Baradaeus* und *Theodor von Arabien*. Jakob weihte so viele Priester und später Bischöfe, dass die Antichalcedonier in Syrien nicht ausstarben und diese Kirche letztlich den Namen „Jakobitische Kirche" erhielt, den sie in Indien noch heute trägt. Theodor von Arabien zog offenbar mit den Ghassaniden umher; er betrat kaum seinen Sitz Bostra.

Al-Hīra liegt etwa drei Kilometer südwestlich des späteren Kufa im muslimischen Reich am Euphrat. Es war die Stadt der Lakhmidenherrscher, einem Arabergeschlecht, das den Sassaniden als Vasallen gegen die Einfälle der Byzantiner diente. Dort gab es zahlreiche Christen, die schon früh der ostsyrischen Kirche angehörten. Auf der ersten belegten Synode von 410 ist ein Bischof von al-Hīra bezeugt, und es lassen sich durch die Jahrhunderte eine ganze Reihe von Bischöfen von al-Hīra namentlich nennen. Zu erwähnen ist ferner, dass es zudem am Persischen Golf Diözesen gab und Klöster bis weit in die muslimische Zeit, die alle der Kirche des Ostens unterstanden. Aus der Golfregion der Kirche des Ostens stammt auch der Theologe *Isaak von Ninive*.

Ein Wille oder zwei Willen?

Im lateinischen Westen ist demgegenüber die theologische Auseinandersetzung in der zweiten Hälfte des 5. Jahrhunderts und auch im 6. Jahrhundert vom Arianismus bestimmt, das heißt mit den Vorstellungen der Vandalen und Goten. Man kann erkennen, wie viel Anti-Arianismus in die lateinische Christologie Eingang gefunden hat. Das wird deutlich an Gestalten wie *Fulgentius von Ruspe*, der später „Augustinus breviatus" genannt wurde. Erst konfrontiert mit dem Ansatz der skythischen Mönche verändert sich seine Christologie von einer stark antiochenisch anmutenden Formulierung hin zu einer eher neuchalcedonisch zu nennenden Haltung.

In der Zeit nach 451 und mindestens bis Mitte des 6. Jahrhunderts finden sich die führenden Theologen des lateinischen Westens, die in kritischen Fragen um ihre Expertise gebeten werden, in Nordafrika – außer an Fulgentius denke man an *Ferrandus* von Karthago oder *Facundus von Hermiane*.

Im Westen lässt sich darüber hinaus eine Debatte über den (Semi-)Pelagianismus verzeichnen. Die christologischen Auseinandersetzungen im Osten scheinen im Westen letztlich ziemlich fremd geblieben zu sein, abgesehen vom Diakon *Rusticus*. So war für *Isidor von Sevilla* Griechisch die Sprache der „Häretiker". Spanien wird im 7. Jahrhundert zur theologischen Hochburg des Westens. Die „Symbola von Toledo" fassen die Trinitätslehre und Christologie zusammen; in einer patristischen Synthese, die die theologische Unterweisung bis zum Zweiten Vatikanischen Konzil geprägt hat.

Das 7. Jahrhundert ist christologisch geprägt von der Auseinandersetzung um die Frage, ob in Christus eine oder zwei Wirkkräfte (*energeia*; Monenergetismus-Streit) oder ein oder zwei Willen (*thelema*; Monotheletismus-Streit) anzunehmen sind. Mit der Formel von der „mia energeia" oder „hen thelema" wollte man die Antichalcedonier für eine Union gewinnen. Der Monotheletismusstreit führte zum letzten Mal in der Alten Kirche zu einer Neubestimmung von physis und hypostasis, bei der *Maximus Confessor* mit seiner profunden Kenntnis der Christologiegeschichte die entscheidende Rolle spielt.

In Gefahr stand das Bekenntnis zum vollen Menschsein Christi: Wenn von nur einem Willen und einer Energeia in Christus die Rede ist und die Gottheit als Ursprung und Quelle allen Wirkens gesehen wird, wie bleibt dann das volle Menschsein Christi mit seinem menschlichen Willen gewahrt? Umgekehrt sah man auch die Gefahr, dass die Konsequenz zwei einander widerstreitende Willen in Christus (und damit zwei Subjekte) seien. Auf dem Konzil von Konstantinopel III (680/1) werden zwei natürliche Willen und Tätigkeiten in Christus bekannt. Es bezieht sich ausdrücklich auf die Aussage von *Leo von Rom*, wonach die Eigenart beider Naturen gewahrt bleibt auch im Zusammenkommen zu einer Person. Intention des Konzils war es, das volle Menschsein Christi sicherzustellen, also insbesondere auch einen menschlichen Willen in Christus zu bekennen, der in Freiheit dem Willen des Vaters gehorsam ist.

Im 8. Jahrhundert kommt es zu einer letzten christologischen Auseinandersetzung mit dem spanischen Adoptianismus, der auf dem Konzil von Frankfurt 794 verurteilt wird. Der Adoptianismus vertritt die Auffassung, dass Christus als zweite göttliche Person der natürliche Sohn Gottes ist, als Mensch jedoch adoptierter Sohn Gottes. Vorausgesetzt ist, dass Christus Sohn Gottes der Natur nach ist in seiner Gottheit, und dass er Gott und Mensch ist; behauptet wird, dass er als Menschensohn ein Adoptivsohn ist und als solcher der erste von uns allen. Das ist biblisch gut zu begründen, doch ontologische Überlegungen darauf zu gründen, ist problematisch. ∎

Sofia Atlantova und Oleksandr Klymenko: Hl. Antonius vom Kiewer Höhlenkloster
Foto: Simone Bastreri, Bischöfliches Generalvikariat Trier

THEOLOGIE

Ikonen als Spezifikum orthodoxer Theologie und Liturgie

Göttliche Präsenz in Bildern

Ikonen haben in der Orthodoxie einen festen Sitz im Leben. Sie begleiten den Alltag einer Familie ebenso wie die liturgischen Feiern der Gemeinde. Die Theologie der Ikonen hat sich im ersten Jahrtausend durch wegweisende Konzilsentscheidungen entwickelt. **VON DANIEL BENGA**

Die Ikonen spielen in der orthodoxen Theologie, Frömmigkeit und Liturgie eine dem westlichen Christen kaum vorstellbar relevante Rolle. So begleiten sie den orthodoxen Christen sein ganzes Leben hindurch. Dies ist keineswegs nur symbolisch gemeint: Gemäß zwei in orthodoxen Ländern weit verbreiteten Bräuchen schenken erstens die Taufpaten oder Eltern einem Täufling eine Ikone, die ihn das ganze Leben lang begleiten sollte; zweitens wird in manchen orthodoxen Ländern einem Verstorbenen eine Ikone in die Hände gelegt, die von den Anwesenden verehrt und vor der Beisetzung einem Verwandten geschenkt wird. Weiter sind zahlreiche Familien im Besitz alter, von Generation zu Generation weitervererbter, besonderer Ikonen – ähnlich wie im Westen mancherorts eine alte Familienbibel weitervererbt wird.

Bereits die frühesten Beschreibungen der Ostkirchen seitens westeuropäischer Reisender beschäftigten sich häufig mit der Verehrung von Ikonen. Dies verwundert nicht, da in der Begegnung zwischen verschiedenen Kulturen und Konfessionen gerne hervorgehoben wird, was anders ist. So beschreibt der katholische Gesandte des Wiener Hofes, *Sigismund von Herberstein*, in seinem Werk „Reise zu den Moskowitern" im Jahr 1526 unter anderem auch die Ikonenfrömmigkeit der orthodoxen Russen: „In jedem russischen Haus stehen an bevorzugter Stelle gemalte oder gegossene Heiligenbilder. Besucht nun ein Russe seinen Nachbarn, zieht er, sobald er das Haus betreten hat, seine Kopfbedeckung ab und blickt sich nach diesen Bildern um. Dann verneigt er sich dreimal mit den Worten ‚Herr erbarme dich unser' vor ihnen. Erst dann entbietet er dem Hauswirt selbst den Gruß: ‚Gott schenke dir Gesundheit.' (…) Nach dem Abschluss der Verhandlung steht der Gast auf, tritt entblößten Hauptes in die Stubenmitte, verneigt sich dreimal vor den Heiligenbildern, bezeichnet sich mit dem Kreuzzeichen und spricht die gleichen Worte wie bei seiner Ankunft."

Diese Schilderung verdeutlicht wesentliche Elemente der privaten Ikonenfrömmigkeit in der russischen Welt, die gleichermaßen auch in der kirchlichen und liturgischen Spiritualität anzutreffen waren, wie der steirische Adelige von Herberstein an anderer Stelle bezeugt: „Kein Mönch und kein Priester betet seine verordneten Gebete der sieben Tageszeiten ohne Heiligenbild. Ein solches Bild darf nur unter großer Ehrerbietung berührt werden. Wenn es durch die Reihen der Gläubigen getragen wird, dann hält es der Priester in die Höhe" (Hg. *Traudl Seifert,* München 1966, 125 und 153–154).

Die Ikone vermittelt folglich göttliche Anwesenheit, sie besitzt einen deutlichen theophanischen Charakter und prägt somit das Verhalten der orthodoxen Christen. Unlösbar ist sie mit dem Gotteshaus, mit dem Gottesdienst und mit der privaten Frömmigkeit der einzelnen Christen verbunden. Auch symbolische ikonische Auffassungen sind bis heute überall in der orthodoxen Theologie und liturgischen Frömmigkeit anzutreffen. Beispielsweise wird die Göttliche Liturgie durch eine Ikone der himmlischen Liturgie nach *Pseudo-Dionysius Areopagita* dargestellt, das Gotteshaus ist nach *Maximus Confessor* ein Abbild des Himmelreiches, die den Gottesdienst vollziehenden Zelebranten bilden nach *Theodor von Mopsuestia* und anderen Kirchenvätern Ikonen der Engel ab.

Theologie der Ikone nach Johannes von Damaskus

Der Begriff Ikone bezieht sich im Folgenden hauptsächlich auf die materiellen Darstellungen Gottes, der Gottesmutter, der Engel und der Heiligen – obgleich das patristische Ikonenverständnis breiter ist, denn bei den Vätern können auch andere Realitäten als ikonische Wirklichkeiten betrachtet werden.

Im Zuge der Auseinandersetzungen zwischen Ablehnung und Verehrung von Ikonen im achten Jahrhundert legten byzantinische Theologen bereits ausführlich und theologisch begründet dar, was eine Ikone ist, welche Nützlichkeit von ihrer Betrachtung ausgeht, wel-

Daniel Benga wurde 1972 geboren und war von 2017 bis 2023 Professor für Liturgik, Patrologie und Alte Kirchengeschichte am Institut für Orthodoxe Theologie der Universität München. Veröffentlichung zur Theologie der Ikone: Ikonen und ikonische Erfahrung in der orthodoxen Liturgie, in: Una Sancta 3, 2020, 185–197.

che Beziehung es zwischen Urbild und Abbild gibt, was Ikonenverehrung im Vergleich zur Anbetung Gottes bedeutet und welche Wirkungen sie auf die Betrachter ausübt.

Der bekannteste Ikonenapologet der Orthodoxie ist bis heute *Johannes Damaskenos* (um 650–749), der in drei Traktaten gegen Ikonengegner eine bis heute unübertroffene Synthese geschaffen hat. Diese wurde im neunten Jahrhundert von Theologen wie *Theodor Studites* und *Nikiphoros dem Bekenner* vertieft und blieb neben der Lehrentscheidung der Siebten Ökumenischen Synode von Nizäa (787) bis dato normativ. Die Ikonentheologie des Johannes Damaskenos umfasst ein Korrektiv für ein zu eingeschränktes Verständnis, das eine Ikone als bloß materielles Produkt eines Malers ansieht.

Damaskenos zählt sechs Ikonen-Typen auf. Zuerst nennt er die natürliche Ikone: ein unveränderliches Bild Gottes des Vaters ist der Logos-Sohn. Die paradigmatische Ikone bezieht sich auf die göttlichen Ideen, denn alle Dinge waren bereits im ewigen Ratschluss Gottes vorgeprägt. Die ebenbildliche Ikone ist der Mensch als Abbild Gottes, der durch Verstand, Geist und Willensfreiheit eine Ikone Gottes darstellt. Die andeutende Ikone ist die Andeutung der Trinität mit dem Bild der Sonne, des Lichts und des Strahles. Die vorzeichnende Ikone bezieht sich auf den Krug mit Manna als Vorbild für die Gottesgebärerin. Schließlich gibt es die Ikone zum Andenken an vergangene Taten und Personen, die artifizielle, von Menschenhand geschaffene Ikone (Contra imaginum calumniatores orationes tres III, 18–23, Berlin 1975).

Es handelt es sich also um ein ikonisches Verständnis Gottes, der sichtbaren Welt und des Menschen. Mit dieser Auffassung kann die orthodoxe Theologie einen fruchtbaren Dialog mit allen anderen Konfessionen führen. Im Weiteren liegt der Fokus auf dem sechsten Typus, der artifiziellen beziehungsweise materiellen Darstellung Gottes oder eines Heiligen. Damaskenos definiert diese sechste Art der Ikone als „Ähnlichkeit/Gleichnis, Beispiel/Muster und Ausformung/Abprägung von etwas, indem es das Abgebildete durch sich selbst zeigt" (III,16). Diese Definition präzisiert er an anderer Stelle, indem er die Beziehung zwischen Bild und Urbild näher erläutert: „Ein Bild nun ist ein Abbild, welches das Urbild wiedergibt mit einem gewissen Unterschied zu ihm (d.i. dem Urbild); denn nicht in jeder Hinsicht gleicht das Bild dem Urbild" (I,9).

Die vier Prinzipien der Ikonenverehrung

Das wichtigste Dokument der Ikonentheologie und der damit verbundenen orthodoxen Frömmigkeit ist die Lehrentscheidung der Siebten Ökumenischen Synode von Nizäa, die am 13. Oktober 787 verabschiedet wurde und die vier Aspekte umfasst, zuerst die Art und Weise der Verehrung: „Vielmehr soll man sie auf die Weise verehren wie die Gestalt des kostbaren und lebendig machenden Kreuzes, die heiligen Evangelien und die übrigen heiligen Weihegaben. Zu ihrer Ehre werden Weihrauch und Lichter dargebracht, wie es auch bei den Alten fromme Sitte war."

Es folgt die Unterscheidung zwischen Verehrung und Anbetung: „Man grüßt sie und erweist ihnen achtungsvolle Verehrung. Ihnen gebührt jedoch nicht die wahre Anbetung, die unserem Glauben gemäß ist und allein der göttlichen Natur zusteht."

Drittens geht es um die Beziehung zwischen Abbild und Urbild: „Denn die Ehrung des Bildes geht über auf die Urgestalt und wer das Bild verehrt, verehrt in ihm die Person des Dargestellten."

Viertens heißt es zum Ziel der Betrachtung: „Je häufiger sie (das heißt Christus und die Heiligen) nämlich durch eine bildliche Gestalt angeschaut werden, desto mehr werden auch deren Betrachter angeregt, der Urgestalten zu gedenken und sich nach ihnen zu sehnen" (*Josef Wohlmuth*, Konzilien des ersten Jahrtausends. Vom Konzil von Nizäa 325 bis zum vierten Konzil von Konstantinopel 869/70, Paderborn 1998, 135–136).

Ohne diese Prinzipien vertieft zu kommentieren, sei angemerkt, dass auf der Ökumenischen Synode von 787 wichtige Elemente bezüglich der Darstellungen Gottes und der Heiligen nicht behandelt wurden, sondern sich diese erst später durch den *consensus ecclesiae* etabliert haben. Es handelt sich um die Beschriftung und die Weihe von Ikonen, um ihr Aussehen und ihre Farbgebung, um die Möglichkeiten szenischer Darstellungen wie der Geburt und der Auferstehung des Herrn sowie einiges mehr. Hinsichtlich all dieser Aspekte existieren bis heute relevante Unterschiede zwischen den orthodoxen Kirchen. Die Weihe einer Ikone ist zum Beispiel nicht in jeder Lokal-Tradition

> Die Ikonen sind ein unverzichtbares Mittel, um eine lebendige Beziehung zwischen dem Gläubigen und Gott zusammen mit den Heiligen zu vermitteln.

Sofia Atlantova und Oleksandr Klymenko: Heiliger Isaak von Syrien

Foto: Simone Bastreri, Bischöfliches Generalvikariat Trier

THEOLOGIE

gebräuchlich; Ikonen und Fresken werden teilweise unterschiedlich geweiht; Tafelbilder können entweder durch die Besprengung mit Weihwasser und speziell dafür vorgesehene Gebete geweiht werden oder dadurch, dass sie vierzig Tage lang oder während einer Göttlichen Liturgie auf dem heiligen Tisch ruhen.

Die „schöne Ecke" und der „Herrgottswinkel"

Die Feststellung Herbersteins im 16. Jahrhundert, dass keine Gebete von Mönchen und Gläubigen ohne Ikonen verrichtet werden, gilt heute genauso wie damals. In jedem privaten orthodoxen Haus gibt es die sogenannte „schöne Ecke", auch „Herrgottswinkel" genannt, die einen zentralen Ort in einer Wohnung oder einem Haus darstellt, an dem die Ikonen gen Osten ausgerichtet hängen, eine Öllampe brennt und sich die Familie zum gemeinsamen Gebet versammelt. Die Ikonen verwandeln das Haus in eine Haus-Kirche. Der Christ zündet eine Kerze an und betet vor mindestens einer Ikone. Üblicherweise befinden sich mehrere Ikonen vor Ort, insbesondere die Familienpatrone, zu denen die Familie oder Einzelne eine innige Beziehung pflegen. Wenn ein Priester das Haus segnet, finden die Gebete vor einer Christus- oder Marienikone und brennenden Bienenwachskerzen statt. Letztlich führen viele orthodoxe Christen für gewöhnlich eine kleine Ikone in ihrem Auto, in der Tasche oder sogar im Geldbeutel mit sich, die als Schutz und Begleitung Gottes auf allen Wegen des Lebens verstanden wird.

Im Kirchenraum ist die liturgische Frömmigkeit ebenfalls stark von der Anwesenheit der Ikonen geprägt. Betritt ein Orthodoxer ein Gotteshaus, schaut er sich nach den wichtigsten Ikonen um und verehrt die meisten von ihnen, bevor er am Gottesdienst teilnimmt. In der Kirche ist er umgeben von heiligen Bildern. Die Fresken der Kirchenwände, der Kuppel und der Apsiden, aber auch die Bilderwand, Ikonostase genannt, zeigen das Heilswerk und helfen dem Betrachter, die jetzige Existenz zu transzendieren.

Der Pantokrator, im Kirchengewölbe dargestellt, ist der Schlüssel des gesamten ikonografischen Programmes eines orthodoxen Kirchengebäudes. Christus blickt aus der jenseitigen Welt mit der Fülle seiner Liebe und segnet die ganze Welt, die Schöpfung und alle Menschen. Ikonen zeigen die Personen in ihrem eschatologisch-verklärten Zustand und auch die Natur in ihrer endzeitlichen vergöttlichten Form.

Die Art und Weise, wie die Gläubigen in der Anwesenheit der Heiligen beten, ist durch keine Vorschriften festgelegt. Einige beten mit dem Blick auf Christus oder die Gottesmutter an der Ikonostase, andere schauen die Gottesmutter im Altarraum oder andere Heilige an. Das auf dem Konzil von Konstantinopel 843 verabschiedete Synodikon beschreibt die Wirkung der Ikonen auf den Betrachter so, dass sie „die Augen dessen heiligen, der sie betrachtet, auch den Geist emporführen zur Gotteserkenntnis".

Zu guter Letzt sei die Verwendung von Ikonen innerhalb der Göttlichen Liturgie umrissen, da behauptet wurde, dass sie im Hauptgottesdienst der orthodoxen Kirche eine eher marginale Rolle spielen würden. Die orthodoxe Liturgie wird von der Ikonenverehrung, insbesondere der Hauptikonen, geradezu eingerahmt: So beginnt die Göttliche Liturgie, noch vor der Ankleidung der Liturgen, mit der Verehrung der Hauptikonen und endet mit der vom Priester gesprochenen Entlassungsformel, während dieser sich vor den Ikonen der ersten Reihe der Bilderwand – des Erlösers, der Gottesmutter und der Patrone der Gemeinde – verbeugt und bekreuzigt. Während der Vorbereitung auf die Göttliche Liturgie findet gar eine regelrechte Prozession aller dienenden Kleriker zu den Hauptikonen der Ikonostase und zu der auf einem Pult befindlichen Tages- oder Festtagsikone statt. Die Geistlichen bekreuzigen und verbeugen sich vor den Ikonen, küssen sie ehrfürchtig und rezitieren ein spezielles Gebet vor jeder einzelnen.

Vor der Christusikone lautet das Gebet wie folgt: „Vor Deinem allreinen Bilde fallen wir nieder, o Gütiger, und bitten um Vergebung unserer Sünden, Christus Gott. Denn im Fleische wolltest Du freiwillig auf das Kreuz Dich erheben, um Deine Geschöpfe aus der Sklaverei des Widersachers zu erlösen. Deshalb rufen wir dankbar Dir zu: Das All hast Du mit Freude erfüllt, Du, unser Erlöser, der Du kamst, zu erretten die Welt."

Ikonen nehmen mit Beginn des Gottesdienstes eine unverzichtbare Rolle ein. Sie vermitteln eine lebendige Beziehung zwischen dem Gläubigen und Gott, zusammen mit den Heiligen. Dieses Hauptmerkmal der Liturgie ist während des gesamten Vollzuges zu sehen: Während des Kleinen Einzugs mit dem Evangeliar und des Großen Einzugs mit den kostbaren Gaben werden Fächer mit Engelmotiven in der Prozession mitgetragen. Das *Epitaphion*, eine große Stoffikone der Grablegung Christi, wird mancherorts im Großen Einzug mitgeführt. Der Altar, das Kirchenschiff und eben die heiligen Ikonen werden zweimal während des Gottesdienstes beweihräuchert. Außerdem verbeugt sich der Diakon zusammen mit den Gläubigen am Ende ein jeder Fürbittenreihe (*Ektenie*) einmal vor der Christus- und einmal vor der Marienikone.

Am häufigsten ist die Darstellung Christi

Obwohl es sehr viele Ikonen gibt, ist die Darstellung Christi am häufigsten anzutreffen. Christus sitzt auf dem Thron der Herrlichkeit mit dem Vater, er ist auf dem heiligen Tisch in den Gestalten von Brot und Wein anwesend und im Wort des Evangeliums erfahrbar. Auf der Hauptikone der Ikonostase blickt er zur versammelten Gemeinde; von der Kuppel aus segnet er die ganze Welt. Auf der Ikone der Gottesmutter ist er als Kind zu sehen. Auf dem Evangeliar finden sich die Ikonen der Kreuzigung und Auferstehung.

Überall, wohin man auch schauen mag, ist Christus zu sehen. Insgesamt vermitteln Wort, Ritual, Gesten und Ikonen eine großartige und multiplizierte Gegenwart, sodass das Sich-Hineinbegeben des Teilnehmers in die himmlische Welt iterativ und multisensorisch gefördert wird. ∎

THEOLOGIE

Im Kern der orthodoxen Spiritualität

Innere Ruhe und brennende Sehnsucht

Das Jesusgebet ist ein Schatz des christlichen Ostens. Es prägt dogmatische Auseinandersetzungen, Erneuerungsbewegungen und das Verständnis der Liturgie genauso wie alltägliche Lebensformen. Was macht dieses Erbe aus? **VON GEORGIANA HUIAN**

Welche Liebesbeziehung wünscht sich nicht ununterbrochene Umarmung der brennenden Herzen in einer Dauer, die Unruhe des Verlangens und Ruhe des Vertrauens vereint? Im Kern der orthodoxen Spiritualität steht die Vorstellung einer solchen Liebesbeziehung – zwischen Gott und Mensch. Die Dauer der Umarmung schwebt zwischen Zeit und Ewigkeit, wie ein Vorgeschmack der Überzeitlichkeit, und stammt aus der Dauer des Gebets.
Plötzlich, dennoch unzweifelhaft wird das Herz des Menschen vom Feuer der göttlichen Gnade angezündet. Es wird zum brennenden Dornbusch, zum paradoxalen Ort der unfassbaren, unsichtbaren Offenbarung. Eine Sehnsucht entsteht, die sich erst jetzt im Spiegel einer anderen Sehnsucht sieht und neu versteht. Der Sehnsucht des Menschen, an Gottes unendlichem Leben teilzuhaben, begegnet die Sehnsucht Gottes, die Menschen und die Welt in seinem ungeschaffenen Licht zu verklären. An der Kreuzung zweier Sehnsüchte erscheint der Weg der Transfiguration. Die orthodoxe Spiritualität schildert diesen Weg als Aufstieg in die allumfassende Transparenz für die Anwesenheit Gottes. Diaphan, diskret, eingeschrieben in der Überfülle des Lichts, in der brennenden nichtverbrennenden Gnade gewinnt dieser Weg seine eigenen Konturen.

Kennzeichnend für den asketisch-mystischen Aufstieg im orthodoxen Verständnis ist die Praxis des Jesusgebets. Diese Praxis spiegelt die Grundlinien einer Anthropologie des Herzens und einer Theologie des Namens Gottes wider. Die Verrichtung des Jesusgebets beruht auf einer langen Tradition der asketischen Anstrengungen, die sich über biblische Grundlagen von den Wüstenvätern bis zu geistlichen Persönlichkeiten der Gegenwart erstreckt. Sie wird assoziiert mit mystischen Erfahrungen, die sowohl kontemplative als auch liturgische und eucharistische Dimensionen beinhalten.
Gleichzeitig bietet das Jesusgebet einen Schlüssel zu Fragen der Unfassbarkeit wie der Erfahrbarkeit Gottes, der Möglichkeit der Vergöttlichung des Menschen, des Verhältnisses zwischen Gnade und menschlicher Freiheit, der Verbindung zwischen dem Wirken Christi und dem Wirken des Heiligen Geistes, der Bedeutung des Körpers in der mystischen Erfahrung und vielem mehr. Darüber hinaus verfügt diese Gebetsform über eine außergewöhnliche Anziehungskraft und Ausstrahlung außerhalb des religiös-kulturellen Raums des Ostens. Sie ist heute in vielen christlichen Konfessionen bekannt, wird geübt und sogar geliebt. Da es wenige Worte umfasst, kann dieses Gebet hervorragend der Aufforderung zum ständigen Gebet entsprechen (1 Thes 5,17).

Ein erwartungsvolles Klopfen an die Türe des Himmels

Jederzeit und überall kann das Gebet verrichtet werden. Die Gebetspraxis kann die Menschen mit dem Sohn Gottes, und dadurch mit der Heiligen Dreieinigkeit, in unmittelbaren Kontakt bringen. „Herr Jesus Christus, Sohn Gottes, erbarme Dich meiner", klingt das Gebet, klopfend an die Türe des Himmels und des Herzens. Es klopft, mit Ruhe und Unruhe, in Erwartung des Aufbruchs in die Ewigkeit. Es klopft, geduldig und dauernd, mit dem Namen „Jesus", bis der Name des lebendigen Wortes die Dynamik des Herzens siegelt. „Leg mich wie ein Siegel auf dein Herz, wie ein Siegel an deinen Arm" (Hld 8,6).
Mehrere Bezeichnungen sind für diese Gebetspraxis möglich. Nach der angerufenen Person heißt sie „Jesusgebet". Gleichzeitig zeigt diese Benennung die christozentrische Prägung und den soteriologischen Aspekt des Gebets (vgl. Apg 4,12). Die Anrufung des Namens Jesu hat zum Ziel, dass „Christus durch den Glauben in euren Herzen wohne" (Eph 3,17). Als „Gebet des Intellekts (des Verstands)" bringt es die Anstrengung des Intellekts (*nous*) im wiederholten, aber auch im ununterbrochenen Gebet zum Ausdruck. Um auf das Herabsteigen des Intellekts ins Herz und die Vereinigung des Verstands (*nous*) mit dem Herzen (*kardia*) hinzuweisen, wird das Gebet außerdem „Herzensgebet" genannt.
Das Herz gilt als Zentrum des Menschen, Spiegel seiner ikonischen Identität und Berufung, Stätte seines Erkenntnis-,

THEOLOGIE

Georgiana Huian
wurde 1983 geboren und ist außerordentliche Professorin für Systematische Theologie und Ökumene am Institut für Christkatholische Theologie der Universität Bern. Zudem ist sie Gastprofessorin für asketische Theologie am Institut für orthodoxe Theologie „Saint-Serge", Paris.

Foto: Nik Egger

Willens- und Gefühlsvermögens sowie Raum der intimsten Begegnung mit Gott. Dort ereignet sich, in fortgeschrittenen Phasen der Praxis, das Aussprechen des Gebets wie von selbst (Hld 5,2: „Ich schlafe, aber mein Herz wacht"). Diese Verinnerlichung des Gebets, die die Ganzheit und Harmonie zwischen verschiedenen menschlichen Vermögen durch die Gnade wiedergewinnt, erlaubt seine qualitative Veränderung. Seine Verwurzelung in der Tiefe des Herzens ermöglicht seine Koppelung an die pulsierenden Lebensrhythmen, im geistlich-geistigen, aber auch psychischen und biologischen Sinne. Diese Verwurzelung gibt dem Gebet Stabilität und Dauer, damit es zum Fenster zwischen der Welt der Kontingenz und Zeitlichkeit und der Welt der Transzendenz und Ewigkeit wird.

Da die Dauer des Gebets nicht nur bestimmte Zeiten beansprucht, sondern die Dauer des Lebens umfassen will, erhält diese Praxis auch die Bezeichnung des ununterbrochenen oder unaufhörlichen Gebets (vgl. 1 Thes 5,17). Ununterbrochen beten, ununterbrochen in Beziehung zu Gott stehen, ununterbrochen ein neues Feuer im Herzen brennen lassen – wie ist das möglich?

Die – zumindest sprachlich – äußerliche Einfachheit des Gebets kann eine Antwort anbieten. Das Herzensgebet wird als *monologistos* charakterisiert: Es ist ein Gebet, das aus einem oder wenigen Worten besteht. Für die klassische Formel des Gebets („Herr Jesus Christus, Sohn Gottes, erbarme Dich meiner, des Sünders/der Sünderin") bilden der Ausruf des Blinden in der Nähe von Jericho (Lk 18,38), das Gebet des Zöllners im Tempel (Lk 18,13) und die Bitte der kanaanäischen Frau (Mt 15,22) die biblischen Ansatzpunkte.

Allerdings kann das Jesusgebet nur mit den Worten „Herr Jesus", „Jesus Christus" oder einfach „Jesus" praktiziert werden, wie die frühesten Zeugnisse dieser Praxis aus dem fünften Jahrhundert nahelegen, etwa bei *Diadochus von Photike*. Dies entspricht der westlichen Tradition der *oratio iaculatoria*, die in der Wiederholung eines Psalm-Verses wie „Deus, in adiutorium meum intende" (Ps 70 [69], 1) bestehen kann. Beide Traditionen stammen aus dem Gebrauch der Wüstenväter. *Johannes Cassianus* charakterisiert diese Gebetspraxis als „brennendes Gebet".
Feuer und Stille schließen sich trotzdem nicht aus – im Gegenteil! Durch das Verlangen nach Gott und die unermüdliche Suche nach seiner Liebe lässt sich das Herz durch das dort pulsierende Herzensgebet als Insel der inneren Ruhe entdecken. Der Anfang des Weges wird in den „Apophthegmata Patrum" in einer Geschichte über *Arsenios den Großen* mit der dreifachen Empfehlung „Fliehe, schweige, ruhe!" beschrieben.

Das letzte Glied in diesem imperativen Trio scheint das schwierigste zu sein. Wie kann jemand nach der Flucht in die Wüste, ins Kloster oder in die geheimnisvolle Kammer des Herzens (vgl. Mt 6,6), nach der Übung des Schweigens mit dem diskursiven und imaginativen Denken (besonders über den unsagbaren Gott schweigen!), endlich zur Ruhe gelangen? Diese Ruhe oder Stille (*hesychia*) lässt sich als Brennpunkt verstehen, aus dem sich die Ikone des asketisch-mystischen Lebens schreiben lässt. Tatsächlich wird nach diesem Begriff eine Gebetsbewegung benannt, die die Orthodoxie durch Jahrhunderte hindurch bis heute geprägt hat: der *Hesychasmus*.

> Der Sehnsucht des Menschen, an Gottes unendlichem Leben teilzuhaben, begegnet die Sehnsucht Gottes, die Menschen und die Welt in seinem ungeschaffenen Licht zu verklären.

Die hesychastische Spiritualität kann auf ägyptische Wüstenerfahrungen zurückgeführt werden und begleitete wie ein roter Faden das geistliche Leben in der Spätantike und im Mittelalter, besonders in monastischen Zentren auf dem Berg Sinai, in Syrien und Palästina sowie im Byzantinischen Reich. Auf dem Berg Athos erfuhr der Hesychasmus im 14. Jahrhundert einen Höhepunkt, musste aber auch seine Ansprüche verteidigen, eine Schau des ungeschaffenen Gottes zu ermöglichen. Eine komplexe theologische Begründung formulierte in diesem Kontext *Gregor Palamas* aufgrund der Unterscheidung zwischen dem unerkennbaren Wesen Gottes und den erfahrbaren Energien Gottes. Sowohl die Möglichkeit der Schau Gottes als auch die Vergöttlichung des Menschen konnten durch die Lehre der ungeschaffenen Energien Gottes eine feinere theologische Ausarbeitung finden. Durch *Nil Sorsky* kamen im 15. Jahrhundert die Übungsmethoden des Hesychasmus von Athos nach Russland. Dort erfuhr die Praxis des Jesusgebets vom Ende des 18. bis zum Anfang des 20. Jahrhunderts eine besondere Blütezeit, wie die Popularität der „Aufrichtigen Erzählungen eines russischen Pilgers" beweisen.

Andererseits wird die Vorbereitung der Gebetspraxis durch das Erscheinen einer Anthologie von Anweisungen von Mönchen und Kirchenvätern zum asketischen und mystischen Leben gestärkt. Diese Anthologie, die eine griechische (1782) und eine kirchenslawische Fassung (1793) kannte, spiegelte durch ihren Namen selbst (*Philokalia/Dobrotoljubie*) das Ideal der Liebe zur Schönheit wider. Außerdem legte die Philokalie viel Wert auf die Nüchternheit: Das Streben nach Ruhe und Tugendschönheit benötigt Wachsamkeit (*nepsis*) an den Türen des Herzens, anders gesagt, die strenge Überwachung der Gedanken und inneren Zuneigungen.

So versteht die philokalische Tradition die Nüchternheit als Bedingung der Möglichkeit für die Reinigung, Erleuchtung und Vollendung beziehungsweise Vergöttlichung des Menschen. Aber die Haltung der Nepsis selbst, wie das Erlangen aller Tugenden, bedarf der göttlichen Gnade. Der Aufstieg zur Transformation im ungeschaffenen Licht Gottes kann weder ohne Nüchternheit noch ohne Liebe zur Schönheit vollzogen werden; vor allem aber müssen beide durch die Gnade verstärkt und vervollständigt werden. Was steht am Ende des Weges?

Die Wiederholung des Gebets gleicht dem Flügelschlag eines Vogels

Lev Gillet, der im 20. Jahrhundert mehrere Schriften unter dem Pseudonym „un moine de l'Église d'Orient" veröffentlichte, unterstreicht die anmutige Dimension dieser Form der Spiritualität. Einerseits soll die Wiederholung nicht als Zwang empfunden werden: Sie gleicht „dem Flügelschlag eines Vogels, durch den dieser sich in die Lüfte erhebt. Nie darf solches schwerfällig, erzwungen, hastig oder geräuschvoll geschehen. Vielmehr muss es ruhig, leicht und im wahrsten Sinne des Wortes gnadenhaft anmutig sein" (Das Jesusgebet. Anleitung zur Anrufung des Namens Jesus, von einem Mönch der Ostkirche, *Emmanuel Jungclaussen* [Hg.], Regensburg 2001, 23).

Andererseits soll man nicht versuchen, durch lange Übungszeiten sehr schnell zu inneren Ergebnissen zu gelangen. Die Tradition der Ostkirche besteht auf eine geistliche Begleitung, wenn das Gebet für längere Zeit geübt wird oder wenn es mit dem Rhythmus des Atems oder anderen körperlichen Übungen verbunden wird. Laut hagiografischen (manchmal sogar autobiografischen) Berichten wurden diejenigen, die das Jesusgebet intensiv geübt hatten, schließlich über die asketischen zu den mystischen Dimensionen des Gebets geführt. Das Herzensgebet hat ihnen Visionen des ungeschaffenen Lichtes Gottes ermöglicht. Ihnen wurde die Anwesenheit des Heiligen Geistes geschenkt, und die Transparenz für Gott erschien auf dem glänzenden Gesicht, wie im Falle des russischen Mönchs *Saraphim von Sarow*, eines bedeutenden Starez aus dem 19. Jahrhundert.

Ziel des Jesusgebets ist die Vergöttlichung (*Theosis*), wie *Sergei Bulgakov* betont: „der Name Jesu, der im Herzen des Menschen anwesend ist, verleiht ihm die Kraft zur Vergöttlichung" (The Orthodox Church, London 1935, 170).

Für den Metropoliten *Kallistos Ware* rückt als Vollendung des Weges die Vereinigung mit Christus und die Teilhabe an der innertrinitarischen Dynamik in den Vordergrund. Angestrebt wird die Vereinigung unseres Betens mit dem Gebet, das Jesus als Hohepriester in uns darbringt. Die Vereinigung mit Christus hebt uns in die göttliche Bewegung der Liebe empor: „Das Jesusgebet vereint uns mit Christus; dadurch hilft es uns, an dem gegenseitigen Einwohnen, der *Perichorese*, der drei göttlichen Personen teilzuhaben: Je mehr das Gebet Teil unseres Selbst wird, desto tiefer gehen wir ein in die Bewegung der Liebe, die Vater, Sohn und Heiliger Geist einander ohne Unterlass schenken" (Hinführung zum Herzensgebet, Freiburg 1986, 69).

Dieses Emporsteigen könnte mit der bildlichen Sprache des hesychastischen Autors *Isaak des Syrers* (siebtes Jahrhundert) als Teilhabe am Königreich der Liebe dargestellt werden sowie als Hinübergehen zu jener jenseitigen Insel, die das ewige Miteinander von Vater, Sohn und Heiligem Geist bedeutet. Durch das Ruhen auf dieser Insel ist der spirituelle Wanderer am Ziel angelangt.

Die Spiritualität des Jesusgebets steht nicht nur als ein Schatz des Ostens, sondern auch als eine existenzielle Fragestellung vor uns. Bietet diese Gebets- und Lebensform vielleicht neue Öffnungen in der hermetischen Kugel der heutigen Gesellschaft, in der so viele Krisen stürmen, in einer anscheinend verschlossenen, horizontlosen Immanenz? Könnte sie uns einen neuen Sinn für das heutige Menschsein erschließen – durch die Herausforderung, als fragiles Wesen ununterbrochen Gott gegenüberzustehen? ■

Sofia Atlantova und Oleksandr Klymenko: Muttergottes

Foto: Simone Bastreri, Bischöfliches Generalvikariat Trier

THEOLOGIE

Was die systematische Theologie von der Orthodoxie lernen kann

Unterwegs zu einer liturgischen Christologie

Wer die systematische Theologie in der Orthodoxie ausschließlich mit Konservativismus gleichsetzt, tut ihr unrecht. Ihre Debatten sind deutlich vielfältiger als mancherorts angenommen. Und hinter vielen ihrer Diskurse verbirgt sich ein Potenzial für das Auflösen kirchenpolitischer Irritationen und ekklesiologischer Krisen. **VON IOAN MOGA**

Die orthodoxe Community im deutschsprachigen Raum wächst migrationsbedingt rasant. Allein die Zahl der rumänischen orthodoxen Pfarrgemeinden in Deutschland und Österreich hat sich in den letzten zehn Jahren von 63 im Jahre 2014 auf über 200 im Jahre 2024 mehr als verdreifacht. Dabei ignorieren öffentliche Stellungnahmen zum Rückgang der Mitgliederzahlen christlicher Kirchen das Wachsen orthodoxer, orientalisch-orthodoxer oder anderer Minderheitenkirchen.

Gegenseitige Wahrnehmungs- und Lernprozesse

Die Zunahme der konfessionellen Diversität könnte, bei allen Bindungskrisen des institutionellen Christentums, zu einem verstärkten gegenseitigen Wahrnehmungs- und Lernprozess führen. Dass Ost- und Westchristen (inzwischen überholte Begriffe) sich trotz Kooperationen in den Arbeitsgemeinschaften christlicher Kirchen und in den Expertengremien gegenseitig meistens ignorieren, hat viele Gründe. Einer davon ist ein sprachlicher: die hunderten orthodoxen Gemeinden im deutschsprachigen Raum verwenden zu 90 Prozent Deutsch nicht als Liturgie- und Predigtsprache; darüber hinaus sind das Gemeindeleben und die binnenkirchlichen Diskurse weiterhin stark von der jeweiligen Heimatkultur geprägt. Beides wird sich im Laufe der Zeit allmählich ändern.

Spätestens dann wird der öffentliche Diskurs in Deutschland und Österreich die gegenüber der Postmoderne doch etwas anders eingestellte orthodoxe Position nicht mehr als eine von der osteuropäisch-historischen Erfahrung bedingte, an sich aber hinterherhinkende einordnen, sondern als eine berechtigte christliche Stimme vor Ort wahrnehmen müssen. Den meisten Westeuropäern scheint die Orthodoxie dazu prädestiniert zu sein, in der konservativen oder sogar ultrakonservativen Ecke platziert zu werden. Das muss nicht sein. Die orthodoxe Theologie geht in vielen Fragen der Gegenwart schlicht von einem anderen Ansatz aus. Vor jeder Antwort steht der Weg dorthin. Dieser Weg, diese Methode, ist im orthodoxen Denken anders gestaltet als im westlich-theologischen Bereich.

Eine notwendige akademische Begegnung

Andersheit wird zum dialogischen Moment, wenn sie reflektiert wird. Deshalb kann eine Inkulturation orthodoxer Identität nur gelingen, wenn die deutschsprachige orthodoxe Theologie im akademischen Kontext gut verankert ist. Diese Einsicht ist nicht neu. Pioniere wie *Anastasios Kallis*, *Theodor Nikolaou*, *Grigorios Larentzakis* und andere haben bereits seit den Siebzigerjahren den typischen Gaststatus der orthodoxen Theologie geändert und akademische Lehr- und Forschungsstandorte geschaffen oder zumindest mitgeprägt.

Trotz der Ausbildungsmöglichkeit orthodoxer Theologinnen und Theologen an der Universität München, orthodoxer Religionspädagoginnen und -pädagogen an der Universität Wien und weiterer Forschungs- und Lehrstellen mit orthodoxer Präsenz wurde die überwiegende Mehrheit orthodoxer Priester nicht im Westen ausgebildet. Das kann zwar ein interkulturell zusammenwachsendes Europa bereichern, stellt aber zugleich eine Herausforderung in Bezug auf althergebrachte konfessionelle Fremd- und Selbstbilder dar. Ohne akademisch reflektierte Begegnung vor Ort kann keine zukunftsfähige und öffentlich relevante Pastoraltheologie artikuliert werden.

Diesen Nachholbedarf haben die akademisch wirkenden orthodoxen Theologinnen und Theologen im deutschsprachigen Raum erkannt. Sie haben sich vor einigen Jahren im „Arbeitskreis orthodoxer Theologinnen und Theologen im deutschsprachigen Raum" (https://akoth.de/) vernetzt: ein Novum, wenn man die immer noch national geprägte Mentalität der meisten orthodoxen Kirchen bedenkt, und ein Zeugnis der innerorthodoxen Einheit in einer Zeit kirchenpolitisch verschuldeter Brüche, Spannungen und sogar Schismen.

Die Relevanz der Anliegen, Dynamiken und Diskurse orthodoxer Kirchen und Theologie im deutschsprachigen Raum nimmt zu. Schlaglichtartig zeigen dies drei aktuelle Themen: die Identität der orthodoxen Theologie in der sogenannten westlichen Diaspora, die theologischen Baustellen im orthodoxen Mehrheitskontext und die – im Zusammenhang mit dem kommenden Jubiläumsjahr zu 1700 Jahre Nizäa neu gestellte – Frage einer christologischen Verortung.

Theologische Identität im (Post-)Diaspora-Kontext

Gibt es eine eigene Theologie (in) der Diaspora? Als erstes ist zu fragen, inwiefern die im Westen artikulierte orthodoxe Theologie ein anderes Profil hat als die in den orthodoxen Heimatländern. An sich ist die Frage obsolet und heikel zugleich: obsolet, weil jede Theologie kontextbezogen ist und deshalb ein theologischer Diskurs in einer orthodoxen Mehrheitsgesellschaft wie in Rumänien oder Griechenland anders artikuliert wird als in Deutschland oder Spanien. Heikel, weil die orthodoxe Theologie trotz dieser Kontextualisierung eine genuin kirchliche bleibt. Damit ist auch gemeint: Sie bleibt am (ost-)kirchlichen, traditionellen Ethos orientiert und lässt sich vorerst nur mühsam auf neue kulturelle Kontexte ein.

Ein diachroner Kontinuitätsanspruch ist oft stärker als die Bereitschaft zur Kontextualisierung. Zur Orthodoxie Konvertierte haben es deshalb schwer, vor allem im Westen: Sie stehen oft vor der Situation, dass sie sich nicht nur mit dem Glauben, sondern auch mit einer bestimmten kulturellen Mentalität und einem bestimmten sprachlichen Ethos identifizieren müssen.

Fakt ist jedoch, dass schon die russischen Diaspora-Theologen, die nach der Oktoberrevolution 1917 in den Westen ausgewandert waren, eine Art Renaissance der orthodoxen Theologie initiierten: weg von neoscholastischen Mustern, hin zu mehr Besinnung auf das Eigene, zu neopatristischer Erneuerung, zu mehr Ineinander von Theologie und Spiritualität, von Lehre und Leben. Dieser Impuls ist hauptsächlich in der (russisch-)orthodoxen Diaspora entstanden, obwohl er nicht darauf zu reduzieren ist. Ob das Exil diese Erneuerung grundlegend beeinflusste, oder ob sie der ideengeschichtlichen Entwicklung inhärent war (wie den Debatten beim russisch-orthodoxen Landeskonzil 1917 zu entnehmen ist), bleibe dahingestellt. Inzwischen stellt das Phänomen orthodoxer „Diaspora-Theologie" ein sehr plurales Gefüge dar, das sich kaum auf ein einzelnes Denk- und Forschungszentrum reduzieren lässt, wie früher auf das Institut St. Serge in Paris oder das Institut St. Vladimir bei New York. Dennoch gelten bis heute die im Westen wirkenden orthodoxen Theologen des 20. Jahrhunderts als unumstrittene Referenzpunkte einer Identitätsversprachlichung in der Moderne.

Die amerikanische orthodoxe Theologie ist heutzutage – auch aus historischen Gründen – die vielfältigste und vom Reifegrad eines kulturell selbstständigen Bewusstseins her auch die ertragreichste Theologie außerhalb des tradierten osteuropäischen Radius. Von ultrakonservativen Strömungen bis hin zu einer Transgender-Theologie ist alles dabei. Vor allem in den vergangenen zwei Dekaden hat sich diese Polyfonie deutlich gezeigt. Das klassische orthodoxe Mantra ist überholt, dass Themen wie die Gender-Frage rein westlich und für orthodoxe Frauen irrelevant seien. Theologische Stimmen im amerikanischen Raum beweisen das Gegenteil. Dennoch kann man momentan nicht von einer Lagerlandschaft (Liberale versus Konservative) sprechen, weil auch die mehr oder weniger liberalen Stimmen um eine Deutung der Tradition ringen. Die Tradition bleibt – bei aller hermeneutischen Andersheit – das Verbindliche.

Die „International Orthodox Theological Association" (gegründet 2017) und die von ihr veranstalteten „Mega-Konferenzen" (Iași 2019, Volos 2023) sind ein Ausdruck dieser wachsenden Pluralität. Die bekannteste theologische Plattform einer eher liberal orientierten amerikanisch-orthodoxen Theologie ist die vom „Orthodox Christian Studies Center" der Fordham University getragene Website „Public Orthodoxy" (www.publicorthodoxy.org). Sie ist in den vergangenen Jahren auch zum Sprachrohr all

> Das klassische orthodoxe Mantra ist überholt, dass Themen wie die Gender-Frage rein westlich und für orthodoxe Frauen wegen mangelnden Bedürfnisses irrelevant seien. Theologische Stimmen im amerikanischen Raum beweisen das Gegenteil.

Ioan Moga wurde 1979 geboren und ist Assoziierter Professor für Orthodoxe Theologie an der Universität Wien. Studium der Orthodoxen Theologie an der Universität München, dort auch Promotion. 2019 Habilitation mit einer Arbeit zu Identitätsdiskursen der rumänisch orthodoxen Theologie im Verhältnis zur römisch-katholischen Kirche.

Foto: Universität Wien

der Stimmen geworden, die die rhetorisch-kirchliche Unterstützung des russischen Invasionskrieges in der Ukraine durch den russischen Patriarchen kritisieren und verurteilen. Zugleich ist sie ein gutes Beispiel für die sozialethische Schwerpunktsetzung im heutigen orthodox-theologischen Diskurs.

Bis in die Neunzigerjahre galt Sozialethik in der orthodoxen Theologie als Fremdkörper. Heute sind sozial- und bioethische Themen aus dem orthodoxen Diskurs nicht mehr wegzudenken – vor allem in der Diaspora. Ein Beispiel dafür ist das Dokument „For the Life of the World: Towards a Social Ethos of the Orthodox Church" (2020), das im Auftrag des Ökumenischen Patriarchats von einer Gruppe aus mehrheitlich amerikanischen, orthodoxen Theologen geschrieben und von *Barbara Hallensleben* ins Deutsche übersetzt wurde.

Eine eigene orthodoxe Diaspora-Theologie?

Gibt es also eine eigenständige orthodoxe Diaspora-Theologie? Ja und Nein. Mit der zunehmenden Inkulturation verschwindet auch das Etikett „Diaspora". Mit diesem Begriff verbindet sich der Status einer Ausnahmeerscheinung. Das ist nicht mehr der Fall. Deshalb tendieren viele jüngere, im Westen aufgewachsene und tätige orthodoxe Theologinnen und Theologen dazu, den Diaspora-Begriff hinter sich zu lassen; trotz neuer Migrationswellen, die die Generationsdynamik in den Gemeinden stark beeinflussen.

Eine Minderheitensituation stellt auch mit Blick auf orthodoxe Christen in muslimisch geprägten Ländern für die orthodoxe Identität kein Novum dar. Die „Diaspora-Theologie" ist heutzutage vielmehr eine orthodoxe, westliche Theologie. Sie ist eigenständig vor allem durch die wachsende Pluralität, das allmähliche Verschwinden der nationalen Bindung und durch die Inkulturation im westlichen Kontext. Orthodoxe Denker wie *David Bentley Hart* zeigen, dass die orthodoxe Theologie nicht nur im akademischen oder pastoral-kirchlichen Rahmen stehen bleibt, sondern den intellektuellen Diskurs der Gesellschaft bereichern kann. Ein solches Niveau hat sie jedoch im deutschsprachigen Raum noch nicht erreicht.

Eine rezeptionszentrierte Theologie und ihre Baustellen

In den südosteuropäischen Ländern mit orthodoxer Mehrheitsbevölkerung, vor allem in den ehemaligen Ostblockländern, verharrt der systematische Diskurs im traditionellen-schultheologischen Bereich und wird – obwohl akademisch angesiedelt – vom Dienst in und für die Kirche geprägt. Außer in Griechenland sind Theologie-Professoren in der überwiegenden Mehrheit Kleriker. Das neopatristische Paradigma, das vor knapp 100 Jahren durch Theologen wie *Georges Florovsky* initiiert wurde, bedeutet eine ständige Neuinspiration aus dem reichen Schatz der Theologie der Kirchenväter. Es geht nicht nur um Kontinuität, sondern um die Lebendigkeit der Beziehung zwischen Theologie und liturgisch-spiritueller Erfahrung.

Dieses Paradigma hat sich vor allem nach der Wende 1989 zu einem Diskurs entwickelt, der sich gegenüber Entwicklungen in der westlichen, postmodernen Theologie tendenziell skeptisch zeigt. Das kann als Befreiungsreaktion gegenüber einer diplomatisch-ökumenischen Theologie gedeutet werden, die in den letzten kommunistischen Dekaden praktiziert wurde.

Ökumene und ökumenische Theologie, die bis in die Achtzigerjahre quantitativ an erster Stelle standen (etwa in den theologischen Zeitschriften Rumäniens), sind längst zu Nischenthemen geworden oder gelten sogar als dekadent. Eine spirituell-theologische Ausrichtung der systematischen Theologie trat an ihre Stelle und gibt bis heute den Ton an.

Dies hat dazu beigetragen, dass Theologie als Teil des spirituellen Weges wahrgenommen und – umgekehrt – dass Spiritualität auch in ihren theologischen Komponenten gewürdigt wird. Die Schattenseiten dieser Entwicklung sind die damit einhergehende Selbstreferentialität, die Schwierigkeiten einer selbstkritischen Evaluation und der Hang zur Apologetik.

Zugleich ist für die sogenannte neopatristische Ausrichtung der Theologie bezeichnend, dass mit Kirchenvätern nicht nur Gestalten des ersten Jahrtausends oder der spätbyzantinischen Zeit gemeint sind, sondern auch Theologen und geistliche Väter der Neuzeit und der Moderne. Der Duktus besteht deshalb in einer ständigen Rezeption und trägt immer wieder epigonenhafte Züge. Denn die entscheidende Frage nach einer kritischen Hermeneutik und damit nach der Kontingenz der theologischen Position einer bestimmten Persönlichkeit bleibt oft außerhalb des Blickfelds.

Die Spiritualisierung oder gar Hagiografiesierung der Theologie darf nicht ihre kritisch-prophetische Funktion unterbinden. Die Notwendigkeit, Theologie auch in ihrer Historizität zu reflektieren, bleibt in vielen orthodoxen Kontexten eine offene Aufgabe. Dennoch kann selbst diese, oft repetitive, anständige und rezeptionszentrierte Art der Theologie nicht bei einer monolithischen Perspektive stehen bleiben. Denn durch die Diversität der rezipierten Stimmen muss auch die zeitgenössische Schultheologie lernen, mit Diversität umzugehen. Theologen des 20. Jahrhunderts wie *Dumitru Stăniloae, Alexander Schmemann, Vladimir Lossky* oder *Justin Popović* vertreten unterschiedliche Ansätze in der Theologie. Ihre Rezeption setzt die Bejahung dieser – auch kontroverstheologisch gestalteten – dynamischen Diversität voraus.

Plädoyer für eine liturgische Christologie

Die Ekklesiologie war das große theologische Thema in der zweiten Hälfte des 20. Jahrhunderts. Nun scheint die orthodoxe Theologie eine Vorliebe für sozialethische, praktisch-theologische und historisch-theologische Themen zu entwickeln. Es sind Bereiche, in denen sie einiges nachzuholen hat, oder – wenn man an die Praktische Theologie mit allen Unterfächern denkt – in denen die kirchliche Realität nach Antworten sucht. Als Systematiker halte ich jedoch daran fest: Eine von der diachronen Einheit mit der Tradition der Alten Kirche geprägte Theologie hat als Stärke gerade die Sensibilität für die Komplexität der großen theologischen Themen: Christologie, Trinitätslehre, Pneumatologie, Eschatologie. Diese Stärken dürfen nicht vernachlässigt werden.

In einem jüngst veröffentlichen rumänischsprachigen Buch („Care iarăși va să vină". Jurnal hristologic în 31 de zile [rumänisch, Der Wiederkommende. Ein christologisches Tagebuch], Iași 2023) spreche ich von einer „christologischen Stille" in der zeitgenössischen orthodoxen Theologie. Im Gegensatz zu den unzähligen Beiträgen zur Christologie in den vergangenen zwei Dekaden in der westlich-theologischen Welt gibt es im orthodoxen Kontext nur wenig zu vermelden. Wurde schon alles gesagt? Ist Dogmatik nur noch ein Repetitorium altehrwürdiger Lehrsätze?

Die Christologie – in untrennbarer Einheit mit der Pneumatologie – liefert die Basis, um Herausforderungen der Gegenwart unterschiedlicher Art anhand einer genuin christlich-theologischen Kriteriologie zu behandeln. Sonst bleibt das berühmte „C" in vielen sozialethischen Antwortversuchen recht mager. Hier kann und muss die orthodoxe Theologie ihr patristisch fundiertes, in gewisser Weise ganzheitliches Menschen- und Gottesverständnis besser artikulieren. Die Schimären einer vermeintlichen Diastase oder gar Inkompatibilität zwischen altkirchlicher Theologie und moderner Theologie sind auch im Westen mehrheitlich überwunden worden. Die orthodoxe Theologie, die nicht an diesen inneren Spannungen zwischen einem Kontinuitäts- und Diskontinuitätsparadigma leidet, kann die Aktualität dieses Erbes veranschaulichen – bei aller historisch-kritischen Unterscheidungskraft. Ein apologetischer Ton ist fehl am Platz. Denn die Platzierung der theologischen Herausforderungen in einem säkularisierten „Draußen", das bekämpft werden soll, verkennt die eigentliche und genuin spirituelle Verortung des Theologie-Treibens.

Es geht in erster Linie um einen Weg der Gotteserkenntnis, bei dem der Mensch als solcher zur Vollendung kommt. Das setzt eine inkarnationstheologische Bejahung des Menschlichen in seiner Historizität voraus. Lebendige Christologie geht Hand in Hand mit einer ernstgenommenen Kairologie. Deshalb – aber nicht nur deshalb – braucht orthodoxe Theologie den ständigen Dialog mit den anderen christlichen Theologien und Denkströmungen. Es gibt viele solcher möglichen Ansätze. Sie wären für die orthodoxe Theologie ein Heimspiel. Doch würden auch die nicht-orthodoxen (um den ambivalenten Begriff „westlich" zu vermeiden) Theologien profitieren, so wie sie ab den Siebzigerjahren von der Einsicht einer notwendigen pneumatologischen Wende profitiert haben. Heute ist Pneumatologie auch in der römisch-katholischen Dogmatik kein Fremdkörper mehr.

Immenses Potenzial im Bereich orthodoxer Tradition

Im Bereich der Christologie mache ich mich exemplarisch für eine liturgische Christologie stark. Hier liegt ein immenses Potenzial im Bereich der orthodoxen Tradition. Denn die orthodoxe Hymnografie und ihre ganze liturgische Welt (die man auch „byzantinische" nennt, obwohl sie nicht nur byzantinisch ist beziehungsweise bleiben soll) stellen eine noch nicht erschlossene poetische Theologie dar. Dabei geht es nicht nur darum, die byzantinischen Hymnen in ihrer systematisch-theologischen Relevanz zu untersuchen, sondern die präsentisch-eschatologischen Begegnungsmodi des Menschen mit Jesus Christus, dem Wiederkommenden, neu zu entdecken.

Eine liturgische Christologie für heute bedeutet eine liturgisch verankerte Wachsamkeitsübung für die Realität des Wiederkommenden, eine präsentische Christologie. Ohne eine liturgisch erneuerte Christologie bleibt das Präsentische in der Rede über Jesus Christus beim Pseudo-Präsentischen einer mentalen Übung stehen. Solche Diskurse sinnieren entweder über etwas Vergangenes (Heilsgeschichte, Christologie-Geschichte) oder Projiziertes (das Eschatologische), oder beziehen sich vage auf Etwas/Jemanden, von dem nur noch die ethischen Konsequenzen oder die philosophischen Implikationen zählen.

In der Liturgie aber wird die christologische Wahrheit zu einer Beziehungsrealität. Das Dilemma zwischen einem historischen und einem kerygmatischen Christus wird durch eine biblisch verankerte Begegnung aufgelöst, die wiederum als Quelle für eine spirituell-theologisch angenommene Christopraxie fungieren kann. Es geht nicht nur um „Christ remembered", sondern um viel mehr. Natürlich geschieht das in einem epikletischen Rahmen, also durch und im Heiligen Geist. Liturgische Christologie ist selbstverständlich zugleich liturgische Pneumatologie. Solche und weitere begrifflich-theologischen Absicherungen entfernen uns jedoch wieder von der eigentlichen Herausforderung, nämlich von der Frage eines Präsenzverlustes in unserem theologischen Diskurs. Eine Dogmatik, die die Praktische Theologie ignoriert, ist arm. Das gilt auch vice versa.

Gegen die Selbszentriertheit christologischer Diskurse

„Christus in unserer Mitte! Er ist und Er wird sein!" – die Worte, die den Friedenskuss in der Chrysostomos-Liturgie begleiten, sind mehr als ein Bekenntnis, sie sind der Ausdruck einer ekklesialen Begegnung, die als Aktualisierung des Heilsgeschehens und zugleich als Vorwegnahme der Zweiten Wiederkunft erfahren wird. Die methodologische, anthropologische Selbstzentriertheit, die viele christologische Diskurse einengt, gerät damit ins Wanken. Denn aus der Unverfügbarkeit der liturgischen Präsenz Christi kehrt die Christologie zu ihren Ursprüngen zurück. Zu einem Modus der Ansprache durch dieses Mysterium, das Jesus Christus ist.

Christologie bleibt also ein spannendes Feld. Die orthodoxe Theologie braucht ein christologisches Revival. Dieses könnte auch dazu führen, dass ekklesiologische und kirchenpolitische Krisen und Blockaden in ihrer verhältnismäßigen Kleinheit neu bewertet würden. Diese Einsicht wiederum könnte der leidenden, innerorthodoxen Einheit und ihrem friedensethischen Auftrag zu einem neuen Aufbruch verhelfen. ∎

THEOLOGIE

Die Klimakrise und das Spezifikum orthodoxer Spiritualität

Erlösung in der Schöpfung

Die orthodoxe Theologie hat einen besonderen Zugang zur Schöpfung, da sie Erlösung konkret denkt. In der Klimakrise rückt der gesamte Mensch als Teil der Schöpfung in den Mittelpunkt der theologischen Reflexion – mit bemerkenswerten Folgen. **VON STEFANOS ATHANASIOU**

Vorschläge zur Bewältigung der Klimakrise sind vor allem seit der zweiten Hälfte des letzten Jahrhunderts ideologisch angehaucht. Denn die Klimakrise wird vollkommen von der Spiritualität abgekoppelt. Zwar wird letzten Endes nur durch politischen Willen eine nötige schöpfungsfreundliche Gesetzgebung zustande kommen können. Dadurch wird das Klimaproblem gemildert – aber am Ende nicht wirklich geheilt. Denn damit der Mensch von sich aus die Natur nicht nur als einen Ort der Ausbeutung sieht, sondern als Schöpfung, der er selbst angehört, muss er sich erst seiner selbst bewusst werden. Dieser Schritt ist maßgeblich für eine grundlegende Heilung der Beziehung zwischen den Menschen und der übrigen Schöpfung.

Dadurch wird deutlich, dass die Bewältigung der Klimakrise nach orthodoxer Auffassung ein Kapitel der Anthropologie darstellt: Wie sieht sich der Mensch selbst in der Schöpfung und wie agiert er in dieser?

Der rumänische Theologe *Dumitru Staniloae* hat schon in den Achtzigerjahren darauf hingewiesen: „Der Heilsplan Gottes mit der Welt zielt auf die Vergöttlichung alles Geschaffenen hin, und infolge des Sündenfalls schließt diese Vergöttlichung auch die Erlösung in sich ein" (Orthodoxe Dogmatik, Band 1, Köln 1980, 293). Die Frage nach Erlösung betrifft demnach für Staniloae nicht nur den Menschen, sondern genauso die gesamte Schöpfung. Die Vergöttlichung ist somit die Anerkennung, dass nicht nur im Menschen, sondern auch in der übrigen Schöpfung in gleicher Weise dieselbe schöpferische Wirksamkeit Gottes und somit eine schöpferische Würde in der gesamten Schöpfung existiert. Somit soll sich der Mensch nicht von der übrigen Schöpfung abkoppeln, sondern sich als einen Teil von ihr sehen.

Die Erfahrung der Vergöttlichung ist eine Erfahrung, die Heiligkeit, letztlich das Gute, also Gott,

Stefanos Athanasiou, Dr. theol., wurde 1981 geboren und ist Professor für Systematische Theologie an der Ausbildungseinrichtung für Orthodoxe Theologie an der Universität München. Als Gastdozent war er unter anderem im Theologischen Studienjahr an der Dormitio-Abtei, an der Katholisch-Theologischen Fakultät der Universität Fribourg und am Instituto Patristico Augustinianum tätig. Seit 2019 ist er Konsultor der Stiftung Pro Oriente und Mitglied des Rates der Religionen Schweiz.

in der Schöpfung zu erkennen. Es verwundert deshalb nicht, dass der verstorbene orthodoxe Metropolit *Kallistos Ware*, Professor für orthodoxe Studien an der Universität Oxford, die ökologische Krise als Produkt der anthropologischen Krise unserer Zeit versteht. Wir Menschen haben vergessen, „dass wir heilige Wesen sind, die nach dem Bilde Gottes geschaffen wurden, und so haben wir, nachdem wir uns gedanklich selbst entheiligt haben, auch die Natur gedanklich entheiligt" (Vorwort, in: *Philip Sherrard*, Alles, was lebt, ist heilig, Grundlagen eines mystischen Christentums, Amerang 2024, 7–46, 39).

Die Heiligkeit wiederzuentdecken und vor allem wieder zu erfahren ist somit für die orthodoxe Schöpfungstheologie maßgeblich, um die Klimakrise unserer Zeit nicht nur phänomenologisch, sondern substanziell zu bewältigen. In diesem Sinne zeigt sich, dass die Spiritualität und das liturgische Leben für die orthodoxe Theologie nicht nur das Heil des Menschen bewirken soll, sondern Auswirkungen auf das Verständnis der gesamten Schöpfung hat.

Als erste Kirche hat das Ökumenische Patriarchat von Konstantinopel und vor allem der Ökumenische Patriarch *Bartholomäus* auf den Zusammenhang zwischen ökologischer Krise und Spiritualität hingewiesen. Dabei muss verdeutlicht werden, dass der heute verbreitete Gedanke der Nachhaltigkeit im spirituellen Leben vor allem im Gedanken der Askese, die der Patriarch immer wieder betont, zum Ausdruck kommt. Somit wird das asketische Leben ein Garant dafür, dass der Mensch in Harmonie mit der gesamten Schöpfung lebt und fern von egoistisch ausbeuterischen Taten bleiben soll.

Papst *Franziskus* lobt in der Enzyklika „Laudato Si" die ökologisch-theologische Sichtweise des Patriarchen. Er betont unter anderem: „Zugleich machte Bartholomaios auf die ethischen und spirituellen Wurzeln der Umweltprobleme aufmerksam, die uns auffordern, Lösungen

THEOLOGIE

nicht nur in der Technik zu suchen, sondern auch in einer Veränderung des Menschen, denn andernfalls würden wir nur die Symptome bekämpfen. Er schlug uns vor, vom Konsum zum Opfer, von der Habgier zur Freigebigkeit, von der Verschwendung zur Fähigkeit des Teilens überzugehen, in einer Askese".

Die Klimakrise sollte aus diesem Grund nicht abgekoppelt von der theologischen Anthropologie und der Spiritualität betrachtet werden. Der Mensch wird darin aufgerufen, die Vergöttlichung nicht nur zu erlangen, sondern vor allem in der Schöpfung asketisch spirituell zu erleben. ∎

Sofia Atlantova und Oleksandr Klymenko: Muttergottes mit Kind

Foto: Simone Bastreri, Bischöfliches Generalvikariat Trier

PANORAMA

Die altorientalischen Kirchen des Nahen Ostens

Vom entlegenen Patriarchat zur Weltkirche

Altorientalische Kirchen wie die koptisch-orthodoxe und die syrisch-orthodoxe übertragen uralte Traditionen in die heutige Zeit. In den Ursprungsländern des Christentums sind viele ihrer Gemeinden existenziell bedroht. Die Diasporagemeinden erweitern das Selbstverständnis – was eine Bereicherung der Ökumene bedeutet. **VON MATTHIAS VOGT**

Neben den orthodoxen Kirchen der byzantinischen Tradition und den orientalischen Riten der katholischen Kirche pflegen auch die sogenannten altorientalischen, manchmal orientalisch-orthodox genannten Kirchen sowie die „Kirche des Ostens" im Vorderen Orient eine uralte Tradition. Zur Familie dieser altorientalischen Kirchen zählen die koptisch-, syrisch- und armenisch-orthodoxe Kirche. Aus der koptischen Kirche sind am Horn von Afrika als orientalisch-orthodoxe Kirchen die äthiopisch- und die eritreisch-orthodoxe Kirche hervorgegangen; aus der syrisch-orthodoxen Kirche die syromalankarisch-orthodoxe Kirche in Indien.

Die „Kirche des Ostens" ist seit den Sechzigerjahren gespalten, einerseits in die Assyrische Kirche des Ostens, deren Patriarch nach jahrzehntelangem Exil in den USA seit 2016 wieder im Irak, nämlich in Erbil in der Autonomen Region Kurdistan residiert, und andererseits in die Alte Kirche des Ostens, deren Oberhaupt stets im Irak mit Sitz in Bagdad geblieben ist. Diese beiden Kirchen entstammen der ostsyrischen Tradition. Bis weit ins 20. Jahrhundert hinein nannten sich auch die Gläubigen dieser kirchlichen Tradition selbst üblicherweise „Nestorianer", weil sie sich auf die Theologie des *Nestorius* berufen und ihn als Heiligen verehren. Dies führt bis heute immer wieder zu Spannungen mit den Kirchen der altorientalischen Kirchenfamilie, vor allem mit der koptisch-orthodoxen Kirche, die sich auf die gegenläufige, oft als „monophysitisch" bezeichnete theologische Tradition berufen und die den Gegner des Nestorius, *Cyrill von Alexandrien*, verehren (vgl. dieses Heft, 35–37).

Vor allem der Widerstand der koptisch-orthodoxen Kirche ist auch der Grund dafür, dass die beiden „Kirchen des Ostens" als die einzigen alteingesessenen Kirchen nicht Mitglied des „Middle East Council of Churches" sind. Darin sind neben (byzantinisch-)orthodoxen, altorientalischen und katholischen Kirchen auch die Kirchen der Reformation vertreten.

Die koptisch-orthodoxe Kirche versteht sich als die Nationalkirche Ägyptens. Über 90 Prozent der ägyptischen Christen gehören ihr an. Ihr Oberhaupt *Tawadros II.*, der den Titel Papst und Patriarch von Alexandrien trägt, residiert in Kairo. Er wurde im Jahr 2013 zum Nachfolger des langjährigen und sehr verehrten Patriarchen *Schenuda III.* gewählt.

Koptisch-Orthodoxe: Nationalkirche Ägyptens

Die koptisch-orthodoxe Kirche hat im 20. Jahrhundert eine bemerkenswerte Entwicklung durchlaufen. Unter Berufung auf ihre Traditionen, vor allem auf die alexandrinischen Kirchenväter und die Mönchsväter der ägyptischen Wüste, definierten sie eine stabile Identität und banden die Gläubigen durch gut organisierte Katechese und Beteiligung am diakonischen Handeln eng an die Kirche. In der sogenannten Sonntagsschulbewegung griff sie Beispiele aus den protestantischen Kirchen amerikanischer Tradition auf und passte sie in einem spezifisch koptischen Gewand an die eigenen Bedürfnisse an. Dadurch erlebte sie einen Aufschwung, der sich in Ägypten in der Errichtung Dutzender neuer Bistümer seit den Siebzigerjahren, dem Eintritt Tausender Männer unterschiedlicher Altersgruppen in die Klöster, in der Gründung apostolisch tätiger Frauengemeinschaften und im Bau zahlreicher großer Kirchengebäude zeigt; letzteres trotz großer behördlicher Schwierigkeiten bei Baugenehmigungen.

Eine besondere Herausforderung seit den Siebzigerjahren stellt für die koptische Kirche wie für die gesamte ägyptische Gesellschaft der Aufstieg des politischen Islamismus und des islamistischen Terrors dar. Die Kirche war und ist Zielscheibe von Islamisten, trotz des besonderen Schutzes, den ihr die aktuelle Regierung gewährt. Die Auswanderung von Kopten, die in den Sechzigerjahren einsetzte und die bis heute andauert, hat allerdings nie existenzbedrohende Zahlen erreicht, auch wenn Beobachter manchmal etwas anderes in den Raum stellten. Sie hat vielmehr zu einer weltweiten Verbreitung der koptisch-orthodoxen Kirche mit Schwerpunkten in den USA, Kanada, Großbritannien und Australien geführt, die positive Rückwirkung auf die koptischen Christen in Ägypten hat. Koptisch-orthodoxe Diözesen gibt es auch in Deutschland und in Österreich und der Deutschschweiz.

Einen besonderen Blick verdient die syrisch-orthodoxe Kirche. Infolge der Ereignisse in den letzten 30 Jahren ist sie in ihrem Kerngebiet, dem Nahen Osten, akut bedroht. Die Kirche wird heute „syrisch-orthodox" genannt, lange Zeit auch in Selbstbezeichnungen „jakobitisch" nach ihrem Organisator *Jakob Baradäus* (gestorben 578). Ihr Wirkungsgebiet erstreckte sich zu ihren Glanzzeiten vom heutigen Syrien über Südostanatolien, das nördliche Mesopotamien bis ins iranische Bergland hinein. Bis zum Beginn des 20. Jahrhunderts ging ihr Einfluss auf ein Kerngebiet in der heutigen Südosttürkei (Tur Abdin) sowie auf Mossul und die Niniveh-Ebene im Nordirak sowie einige Dörfer in Syrien zurück.

Im Ersten Weltkrieg verfolgten und massakrierten Osmanen und Kurden im Südosten der Türkei neben den Armeniern auch Zehntausende Christen der syrisch-orthodoxen Kirche; sie wurden getötet oder aus ihrer Heimat vertrieben. Die Geflüchteten fanden nach dem Ende der Verfolgungen eine neue Heimat im Nordosten des französischen Mandatsgebiets Syrien (Djazira), in Aleppo, Homs, Damaskus und dem Libanon. Die in der Türkei verbliebenen Syrer lebten im Schatten des Kurdenkonflikts in prekären Verhältnissen.

Die Syrer sprechen im zentralen Tur Abdin einen eigenen Dialekt der syro-aramäischen Sprache, Turoyo, im westlichen Teil des Bergmassivs bei Mardin einen arabischen Dialekt (Mardinli), im Norden Kurdisch. Christen arbeiteten in den Dörfern meist als Bauern oder Winzer und hielten Schafe und Ziegen. In den größeren Orten und Städten arbeiteten Christen als Händler und Handwerker. Eine christliche Domäne bildeten Silber- und Goldschmiedearbeiten. Typischer Beruf war auch der des Maurers; dieses Gewerbe befand sich lange fest in christlicher Hand; ebenso das Handwerk und der Handel im Verkehrsknotenpunkt Midyat.

Mit Beginn des bewaffneten Kampfs der kurdischen Arbeiterpartei PKK gegen die türkische Herrschaft 1975 wanderten Syrer aus dem Tur Abdin in einer bedenklichen Größenordnung aus. Hatten in den Sechzigerjahren noch weit über 20.000 Syrer dort gelebt, nahm ihre Zahl bis zur Jahrtausendwende auf etwa 2500 ab. Ihr Überleben im angestammten Kerngebiet schien bedroht. In einem quasi rechtsfreien Raum übten kurdische Clans auf die verbliebenen Christen oft übermächtigen Druck aus. Im Konflikt zwischen PKK und türkischem Militär wurden die Syrer von der einen oder der anderen Seite vereinnahmt und so den Repressionen der jeweils anderen Seite ausgesetzt.

Von Regierungsseite werden Christen in der Türkei bis heute oft benachteiligt, vor allem die syrischen Christen. Sie unterliegen, anders als die Griechen und Armenier, nicht den Bestimmungen des Lausanner Vertrags von 1923, der Minderheitenrechte garantiert. Sie haben somit nicht das Recht, eigene Einrichtungen wie zum Beispiel Schulen zu betreiben. Nicht zuletzt wurde die wirtschaftliche Lage untragbar. Die seit den Sechzigerjahren in Deutschland, Österreich, den Niederlanden, Belgien und Schweden entstandenen Diasporagemeinden wurden Anziehungspunkte für die scheinbar letzten syrischen Christen des Tur Abdin. Auch in Istanbul entstand eine große syrisch-orthodoxe Gemeinde, die bis heute wächst.

Zu Beginn des neuen Jahrtausends glomm einige Jahre lang ein Hoffnungsschimmer. Der Konflikt mit den Kurden schien sich zu beruhigen. Die Regierung in Ankara rief sogar syrisch-orthodoxe Christen im Ausland dazu auf, in ihre Heimat zurückzukehren, und versprach Erleichterungen bei der Rückkehr. Einige Familien machten sich auf und setzen ihre verlassenen Häuser in der alten Heimat wieder instand. Einige Dörfer wurden wiederbelebt. Die Altersstruktur schien sich zu normalisieren. Die Bischofssitze von Mardin und Adıyaman, seit Jahrzehnten vakant, wurden wieder besetzt.

Lange währte diese Phase allerdings nicht. Für viele war das Haus im Tur Abdin ohnehin nur eine Art Ferienhaus gewesen; zu fest waren sie inzwischen in ihrer neuen europäischen Heimat integriert. Der Kurdenkonflikt flammte mit aller Härte wieder auf. Die syrisch-orthodoxen Klöster wurden mit Prozessen um ihren Landbesitz überzogen. Dies verdeutlichte den Christen, dass ihre Präsenz bei den Behörden offenbar unerwünscht war. Am oberen Euphrat wird zudem ein Staudammprojekt in wenigen Jahren uralte Kirchen und Kulturgüter der Syrer unter Wasserfluten begraben. Nur noch wenige tausend syrisch-orthodoxe Christen verbleiben in der Region rund im Mardin, Midyat und den beiden großen Klöstern Mor Gabriel and Zaafaran; die

> Der Brückenschlag zwischen der Verwurzelung im traditionellen Bereich der Kirche im Nahen Osten und den zumeist gut integrierten Diasporagemeinden gelingt gut.

Matthias Vogt wurde 1975 geboren und ist seit 2020 Generalsekretär des Deutschen Vereins vom Heiligen Lande (DVHL) mit Sitz in Köln. Als langjähriger Referent für den Nahen Osten und Nordafrika bei Missio in Aachen beschäftigte er sich mit der Situation der Christen und der Entwicklung der Kirchen in der Region. Als Überblickswerk erschien von ihm: Christen im Nahen Osten: Zwischen Martyrium und Exodus (Darmstadt 2019).

Klöster sind baulich groß, in beiden leben jedoch nur einige wenige Mönche. Sie halten auch an ihrer Sprache fest, aber die Zukunft erscheint wenig rosig.

Syrisch-orthodoxe Christen: Kein sicherer Hafen in Sicht

Verschärft wird die Situation seit dem syrischen Bürgerkrieg noch dadurch, dass der Kontakt zu den syrisch-orthodoxen Gemeinden im Nordosten Syriens, in und um das kurdische Zentrum Qamishli, weitestgehend unterbrochen ist. Während der Herrschaft der Assad-Familie genossen die syrisch-orthodoxen Christen dort weitgehende Freiheit in der Ausübung ihres Glaubens und der Pflege ihrer Sprache. Doch ihre Lage ist seit der Übernahme der Kontrolle durch die kurdische YPG, einen Ableger der PKK, schwieriger geworden, auch wenn sich die kurdischen Verantwortlichen der Region den Anschein einer pluralen und demokratischen Gesellschaft geben wollen, um weiterhin westliche Unterstützung zu erhalten. Zwar unterstützen auch christliche „Parteien" milizartigen Charakters das kurdische Regierungssystem, allerdings bereitet die sprachliche und kulturelle Kurdifizierung und die Isolation der Region vielen syrischen und armenischen Christen dort Sorge, auch wenn dies nur selten offen geäußert werden kann.

Schlimme Verfolgungen und Vertreibungen haben die syrischen Christen des Nordirak seit dem Sturz Saddam Husseins erleiden müssen. Durch terroristische Aktivitäten, etwa Anschläge auf Kirchen und vor allem Entführungen und Schutzgelderpressungen, wurden die einst blühenden christlichen Gemeinden Mossuls – überwiegend Chaldäer, Syrisch-Orthodoxe und Assyrer – bis 2014 aus der Stadt vertrieben; nur sehr wenige blieben vor Ort. Aus Mossul ebenso wie aus der Hauptstadt Bagdad, in dem ein ähnliches Klima herrschte, gelangten viele syrisch-orthodoxe Christen in die christlich geprägten Dörfer der Niniveh-Ebene, die im vergleichsweise sicheren Kurdengebiet lagen. Zwar fiel ihnen die Integration nicht leicht, denn die meisten syrischen Christen aus Mossul und Bagdad sprachen ausschließlich Arabisch und nicht den in der Niniveh-Ebene gepflegten neusyrischen Dialekt (Sureth, sprachlich recht unterschieden vom Turoyo der Christen aus dem Tur Abdin) und auch kein Kurdisch. Dennoch schien die Niniveh-Ebene ein sicherer Hafen zu sein, vor allem Qaraqosh und Ba'shiqa in der Nähe des historischen und bis heute aktiven syrisch-orthodoxen Klosters Mar Mattai.

Aber als 2014 der sogenannte Islamische Staat Mossul einnahm und die Niniveh-Ebene überrannte, mussten alle Christen das Gebiet verlassen. Sie fanden Schutz in Erbil sowie in Dohuk und Umgebung. Sie erhielten von kirchlicher Seite jede mögliche Unterstützung, mussten aber mehrere Jahre unter äußerst prekären Bedingungen leben. Viele sind seither ins Ausland abgewandert. Seit der Rückeroberung der Niniveh-Ebene durch regierungstreue Milizen ist nur ein Drittel der Christen dorthin zurückgekehrt. Die Tatsache, dass die Niniveh-Ebene weiterhin zwischen der Regierung in Bagdad und der kurdischen Regierung in Erbil umstritten ist, fördert weder den Wiederaufbau noch die wirtschaftliche Entwicklung und verhindert damit die Rückkehr der Christen. Die Existenz der syrisch-orthodoxen Gemeinden dort ist also konkret bedroht.

Unter der Gewalt islamistischer Gruppen hatten auch die syrisch-orthodoxen Christen in Syrien während des Bürgerkriegs zu leiden. Besonders traumatisierte im April 2013 die Entführung des beliebten syrisch-orthodoxen Erzbischofs von Aleppo, *Mor Youhanna Ibrahim*. Er wurde nahe der syrisch-türkischen Grenze zusammen mit dem griechisch-orthodoxen Metropoliten von Aleppo, *Boulos al-Yazigi*, verschleppt. Beide sind bis heute verschwunden. Ebenfalls 2013 überfielen Islamisten die beiden rein syrisch-orthodoxen Dörfer Hadad und Sofar. Sie richteten dort Massaker an. Angriffe auf Kirchengebäude und Würdenträger der syrisch-orthodoxen Kirche wiederholten sich in den folgenden Jahren und ereigneten sich auch in dem von Kurden kontrollierten Gebiet Nordostsyriens. Signifikant war ein Anschlag auf den syrisch-orthodoxen Patriarchen *Ignatius Aphrem II.* im Jahr 2016 in Qamishli. Dabei wurden drei Wachleute der christlichen Sotoro-Miliz in den Tod gerissen. Der Patriarch blieb unverletzt. 2019 detonierte vor der syrisch-orthodoxen Marienkirche in Qamishli eine Autobombe. Mehr als zehn Menschen wurden verletzt.

Aleppo und Homs: Zerstörte Zentren des Christentums

Die Städte Aleppo und Homs waren seit dem Ende des Ersten Weltkriegs neben Damaskus Zentren syrisch-orthodoxer Christen in Syrien, denn von 1924 bis 1959 hatte der syrisch-orthodoxe Patriarch seinen Sitz in Homs, bevor er ihn nach Damaskus verlegte. Beide Städte waren lange von besonders heftigen Kämpfen betroffen. Erst seit sie wieder unter Regierungskontrolle stehen, versuchen Christen, darunter syrisch-orthodoxe, ihre Häuser wieder aufzubauen. 80 Prozent der vertriebenen Christen von Homs und Aleppo werden aber wohl nicht zurückkommen. Die Gemeinde in Damaskus, in dem der syrisch-orthodoxe Patriarch seinen Sitz hat und in dessen Nähe sich seit 1996 das große theologische Seminar, seit 2018 auch eine staatlich anerkannte kirchliche Universität, von Ma'arrat Saydnaya befindet, hat ebenfalls stark unter Auswanderung zu leiden. Vor allem die junge Generation von Christen sieht keine Perspektive in Syrien.

Die syrisch-orthodoxen Gemeinden im Libanon entstanden durch die Vertreibungen des Ersten Weltkriegs. Sie zählen im Libanon zu den sogenannten „Minderheiten", die im Rahmen des konfessionalistischen politischen Systems keine eigenen Regierungs- und Parlamentsposten beanspruchen können. Dennoch ist ihre Situation im christlich geprägten, wenn auch konfliktreichen Libanon, vergleichsweise stabil. Zwischenzeitlich erfuhren die Gemeinden erheblichen Zuwachs durch Geflüchtete aus dem Irak und später aus Syrien. Viele von ihnen warteten im Libanon aber nur auf Visa für westliche Länder. Sie haben das Land inzwischen wieder verlassen. Ähnliches gilt für christliche Flüchtlinge aus den beiden genannten Ländern in der jordanischen Hauptstadt Amman.

Ein traditionelle, wenn auch kleine syrisch-orthodoxe Gemeinde lebt in Jerusalem und Bethlehem. Ihr macht die künstliche Trennung zwischen Jerusalem und den palästinensischen Gebieten durch die israelische Sicherheitsmauer sowie die schwierigen wirtschaftlichen Bedingungen für die Jugendlichen zu schaffen.

Kirchlich ist für syrisch-orthodoxe Christen auch im Nahen Osten bedeutsam, dass sich ihre Kirche seit den Sechzigerjahren weltweit ausgedehnt hat. Beachtung verdient, dass sich im 17. Jahrhundert ehemals „nestorianische" Gemeinden in Indien der syrisch-orthodoxen Kirche anschlossen. Dies verlieh dem Patriarchat ein besonderes Gepräge, auch wenn es immer wieder in Konflikte mit den indischen Bischöfen geriet, etwa bei der Abspaltung der syromalankarisch-orthodoxen Kirche 1912, definitiv 1975.

Die weltweite Diaspora sowohl der nahöstlichen als auch der indischen Christen syrisch-orthodoxen Glaubens hat noch einmal spezielle Rückwirkungen auf die Kirche im Nahen Osten. Syrisch-orthodoxe Bischöfe gibt es inzwischen für Kanada, USA (3), Mittelamerika (Sitz in Guatemala) Argentinien, Brasilien, Deutschland (2), Österreich, Schweiz, Niederlande, Belgien-Luxemburg-Frankreich, Schweden (2), Großbritannien, Australien und die Vereinigten Arabischen Emirate. Hinzukommen 33 indische Bischöfe und 30 Bischöfe im Nahen Osten (jeweils inklusive Emeriti und Vikare).

Die weltweite Verbreitung der Kirche findet Ausdruck in der Ergänzung des traditionellen Titels „Patriarch von Antiochien und dem ganzen Osten" um den Titel „Oberstes Haupt der universalen syrisch-orthodoxen Kirche". Patriarch ist seit 2014 *Ignatius Aphrem II. Karim*, geboren in Qamishli in Syrien, nach Studien im Libanon und in Irland von 1996 bis 2014 Erzbischof in den USA.

Die weltweite Vernetzung des Klerus und der Gläubigen, akademische und pastorale Erfahrungen von Bischöfen und Priestern in sehr unterschiedlichen Ländern sowie die profunde theologische und sprachliche Ausbildung im theologischen Seminar in Ma'arrat Saydnaya, in dem Seminaristen aus der ganzen Welt zusammenkommen, vermitteln nicht nur weltkirchliche Erfahrung, sondern auch persönliche Kontakte. Der Patriarch verbringt viel Zeit mit Pastoralbesuchen rund um die Welt. Die Entwicklung ist also beachtlich: von einer Kirche, die sich auf das unzugängliche Berggebiet im Tur Abdin sowie einige ländliche Gebiete im Nordirak und Syrien zurückgezogen hatte, mit dem Patriarchensitz im abgelegenen Zaafaran-Kloster bei Mardin, hin zu einer Weltkirche. Dabei gelingt der Brückenschlag zwischen der Verwurzelung im traditionellen Bereich der Kirche im Nahen Osten und den zumeist gut integrierten Diasporagemeinden gut.

Innerhalb der Familie der altorientalischen Kirchen spielt die zahlenmäßig größere, ebenfalls weltweit ausgedehnte, aber deutlich stärker vom ägyptischen Ursprungsland geprägte koptisch-orthodoxe Kirche zwar eine Führungsrolle. Sowohl im Nahen Osten als auch weltweit legt die syrisch-orthodoxe Kirche im ökumenischen Gespräch aber eine größere Offenheit an den Tag. ■

THEMEN DER THEOLOGIE

Die Neuerscheinung

STEFAN OSTER /
JOHANNES BRANTL (HG.)
CHRISTUS IST UNTER EUCH
Zur Aktualität des II. Vatikanischen Konzils
Festschrift für Bischof Rudolf Voderholzer
728 Seiten, Hardcover
ISBN 978-3-7917-3538-2
€ (D) 59,– / auch als eBook

Anlässlich des 65. Geburtstages des Regensburger Bischofs nehmen namhafte Personen sein geistiges Erbe und die für die Zukunft der Kirche nach wie vor wegweisenden Perspektiven des Konzils in einer Festschrift eingehend in den Blick.

Eine bedeutende Publikation zur Christozentrik des II. Vatikanums!

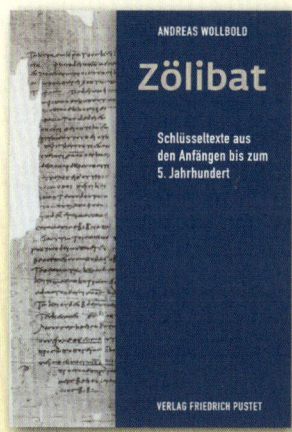

Herausragende Quellenedition

ANDREAS WOLLBOLD
ZÖLIBAT
Schlüsseltexte aus den Anfängen bis zum 5. Jahrhundert
1040 Seiten, Hardcover
ISBN 978-3-7917-3452-1
€ (D) 88,–
auch als eBook

Diese profunde Quellenedition bietet – in Originalsprache und Übersetzung – eine Fülle von Texten zum Thema Klerikerzölibat aus den ersten fünf Jahrhunderten n. Chr.: Schriftauslegungen, hohe Theologie, Briefe, Ketzerpolemik u. v. m. Die Kommentierung verweist auf den zeitlichen Kontext sowie auf das Werk des Autors und bietet eine für die aktuelle Diskussion hilfreiche Deutung an.

»Wollbolds kommentierte Textsammlung bildet einen Meilenstein für die Zölibatsforschung.« KATH.NET

Telefon 0941 / 92022-0
bestellung@pustet.de
verlag-pustet.de
Pustet.Theologie

PANORAMA

Ökumene in Jerusalem in Zeiten des Konflikts

In dir sei Friede

Die Kirchen in Jerusalem, darunter maßgeblich auch die orthodoxen und die altorientalischen, befinden sich auf einem mühsamen Weg zu einem gemeinsamen Zeugnis und Dienst. Historisch geprägtes Misstrauen muss angesichts aktueller Bedürfnisse und Not überwunden werden. **VON FRANS BOUWEN**

Die Kirchen in Jerusalem präsentieren der Welt eine Art Ikone lebendigen Reichtums christlicher Traditionen in Ost und West: Griechisch, Armenisch, Syrisch, Koptisch, Äthiopisch, Römisch-Katholisch, Anglikanisch, Lutherisch, Reformiert, Pfingstlich und Evangelisch. Sie bilden die Fähigkeit des Evangeliums ab, in unzähligen Sprachen und Kulturen Wurzeln zu schlagen. Daraus erwächst eine Bandbreite an Möglichkeiten, das in Jesus Christus geoffenbarte und vermittelte Geheimnis Gottes zu empfangen, zu beten, zu leben, weiterzugeben und zu feiern.

Unglücklicherweise führte die Vielfalt im Laufe der Jahrhunderte zu Spaltungen. Nicht eine einzige dieser Spaltungen brach in Jerusalem selbst auf. Sondern die vielen Kirchen, die nach Jerusalem hinaufzogen, brachten die Brüche ihrer Heimatkirchen und -länder mit. Folglich sind nicht zuerst die Kirchen in der Heiligen Stadt für die Zerwürfnisse verantwortlich, aber sie spüren deren Folgen vor Ort unmittelbar.

Die Suche nach fruchtbareren ökumenischen Beziehungen muss deshalb zwei historisch geprägte Haupthindernisse überwinden: erstens die Konflikte rund um die heiligen Stätten, insbesondere um die Grabeskirche oder Anastasis in Jerusalem und um die Geburtsbasilika in Bethlehem, zweitens die Folgen der Missionsbewegungen ab dem 19. Jahrhundert. Die damalige Missionierung durch westliche Kirchen bedeutete für die einheimische griechisch-orthodoxe Kirche einen inakzeptablen Proselytismus; sie hinterließ tiefe Narben, die bis heute schmerzen. Denn die Missionare aus dem Westen setzten Mittel und Personal ein, über die die einheimischen Gemeinden damals nicht verfügten, und sie nutzten ihre Überlegenheit, um einheimische Christen abzuwerben. Bis etwa Mitte des 20. Jahrhunderts herrschte daher ein Klima gegenseitigen Misstrauens und des Rückzugs auf sich selbst vor. Erst seitdem wurden in beiden Bereichen bemerkenswerte Fortschritte erzielt.

Gemeinsame Sanierung der Grabes- und der Geburtskirche

Seit langem und immer dringender bedurfte die Auferstehungs- und Grabeskirche einer gründlichen Sanierung. Aufgrund des überaus komplexen Systems an Eigentums- und Nutzungsrechten, festgehalten im sogenannten Status quo, kann aber jede Änderung nur von allen beteiligten Kirchen gemeinsam umgesetzt werden. In den Dreißigerjahren scheiterten mehrere Versuche. In den Fünfzigerjahren wurden neue Anstrengungen unternommen. Letztendlich zwang die Notwendigkeit, zur Rettung des Gebäudes zusammenzuarbeiten, die Kirchen dazu, Schritt für Schritt das Misstrauen zu überwinden. Eine ähnlich fruchtbare Zusammenarbeit begann bereits 2010 in der Geburtsbasilika und zwischen 2016 und 2017 erneut bei der Restaurierung der Ädikula am Grab Christi.

Dieser Annäherungsprozess ist noch immer im Gange und erfährt ständig neue Fortschritte. Heute sind in diesen beiden Heiligtümern die Mönche und Priester der verschiedenen Konfessionen in der Lage, ihre Pflichten wahrzunehmen und die Rechte ihrer Gemeinschaften in einem brüderlicheren Geist zu verteidigen. Natürlich ist nicht alles perfekt. Gelegentliche Missverständnisse oder Konflikte können immer noch vorkommen. Aber die neuen Beziehungen ermöglichen es immerhin, sie fast reibungslos zu lösen. Und natürlich kann man nach wie vor von einer noch engeren Zusammenarbeit bei der Aufnahme der Pilger und der Aufrechterhaltung einer Atmosphäre der Stille und des Gebets an den heiligen Stätten träumen. Aber die Dinge brauchen in Jerusalem Zeit und Geduld.

Auf Ebene der Kirchenoberhäupter markieren die Pilgerreise von Papst *Paul VI.* nach Jerusalem im Januar 1964, seine Begegnungen mit dem Ökumenischen Patriarchen *Athenagoras I.*, dem griechisch-orthodoxen Patriarchen von Jerusalem *Benediktos I.* sowie mit anderen Kirchenoberhäuptern nicht weniger als den Beginn einer neuen Epoche. Ihre wechselseitigen Beziehungen waren von einer neuen Atmosphäre geprägt.

Ein weiterer Schritt nach vorn wurde mit dem Ausbruch des ersten palästinensischen Aufstands, der Intifada im Dezember 1987, vollzogen. Konfrontiert mit einer Situation der Gewalt und des Leids, die ihre Gemeinschaften tief in Mitleidenschaft zog, konnten die Patriarchen und Bischöfe von Jerusalem nicht schweigen.

Am 22. Januar 1988 veröffentlichten sie ihre erste gemeinsame Erklärung: „Die jüngsten schmerzlichen Ereignisse in unserem Land, die so viele Opfer, Tote und Verletzte, gefordert haben, sind ein deutlicher Hinweis auf das schwere Leiden unseres Volkes im Westjordanland und im Gazastreifen. Sie sind auch ein sichtbarer Ausdruck des Bestrebens unseres Volkes, seine gesetzlichen Rechte zu erlangen und seine Hoffnungen zu verwirklichen. Wir, die Oberhäupter der christlichen Gemeinschaften in Jerusalem, möchten in aller Aufrichtigkeit und Klarheit zum Ausdruck bringen, dass wir mit Wahrheit und Gerechtigkeit gegen alle Formen von Ungerechtigkeit und Unterdrückung Stellung beziehen."

Seitdem entwickelte sich ein Geist der Konsultation und Zusammenarbeit. Die Oberhäupter der großen Kirchen begannen, sich regelmäßig zu treffen und gemeinsame Botschaften zu Ostern und Weihnachten sowie gemeinsame Erklärungen herauszugeben, wenn ein Ereignis eine Reaktion erforderte. So veröffentlichten die Kirchenoberhäupter am 14. November 1994 nach der Unterzeichnung des Friedensabkommens von Oslo ein „Memorandum" über „die Bedeutung Jerusalems für die Christen". Es war eine kraftvolle Botschaft des gemeinsamen Zeugnisses, das langjähriges Misstrauen überwand.

Am 4. Dezember 1999 markierte die ökumenische Versammlung aller Kirchenoberhäupter auf dem Krippenplatz in Bethlehem zur Eröffnung des Jubiläumsjahres 2000 einen weiteren Meilenstein der immer engeren Zusammenarbeit. In ihrer gemeinsamen Botschaft bekundeten die Oberhäupter den Willen, sich für die Einheit der Christen einzusetzen, und riefen auch alle Gläubigen auf, sich gemeinsam für den Frieden einzusetzen: „Heute gibt es unter uns aufgrund unseres Glaubens an denselben Jesus Christus eine echte Gemeinschaft, auch wenn sie unvollkommen sein mag. Wir streben danach, das zu werden und eines Tages als das zu erscheinen, was wir wirklich sind: Ein Leib in Christus, ein und dasselbe Haus mit den Gefühlen von Brüdern. (…) Seit dem siebten Jahrhundert haben wir eine gemeinsame Geschichte, wir Juden, Muslime und Christen. (…) Heute sind wir aufgerufen, gemeinsam nach Gerechtigkeit und Frieden für uns alle zu streben."

Leider haben politische Entwicklungen, wie der Ausbruch der zweiten Intifada im Jahr 2000 und der Bau der Sperrmauer zwischen Bethlehem und Jerusalem im Jahr 2003, die meisten dieser Träume zunichte gemacht. Immer wieder riefen die Kirchenoberhäupter zu einem Ende aller Gewalt und zu einem gerechten Frieden auf: „Unsere Leiden, von Israelis und Palästinensern, werden ein Ende haben, wenn die Wahrheit auf beiden Seiten anerkannt wird. Das Recht Israels, Sicherheit zu haben, muss anerkannt werden. Gleichzeitig muss anerkannt werden, dass der Kern des Konflikts zwischen Israelis und Palästinensern darin besteht, dass das palästinensische Volk seiner Freiheit beraubt wird" (7. Juli 2006). Im September 2006 veröffentlichten sie außerdem eine Erklärung zu Jerusalem: „Die Zukunft der Stadt muss im gemeinsamen Einvernehmen, durch Zusammenarbeit und Konsultation, entschieden werden und darf nicht durch Macht und Gewalt aufgezwungen werden. Einseitige Entscheidungen oder aufgezwungene Lösungen werden der Sicherheit und dem Frieden weiterhin sehr abträglich sein."

In den folgenden Jahren nahmen die Anlässe für gemeinsame Erklärungen der Kirchenoberhäupter weder an Zahl noch an Schwere ab. Einige Ereignisse hatten einschneidende Auswirkungen auf das Leben der Menschen vor Ort, einschließlich auf die christliche Präsenz, die untrennbar mit der lokalen Bevölkerung verwoben ist, während andere Ereignisse unmittelbar die Rechte der Kirchen betrafen.

Bei jedem der aufeinanderfolgenden Kriege im Gazastreifen, 2008 bis 2009, 2012 und 2014, riefen die Kirchenoberhäupter „gemeinsam mit allen Friedensstiftern auf beiden Seiten zu einem Waffenstillstand und einer dringenden Wiederaufnahme der Friedensverhandlungen auf". Wann immer ernsthafte Spannungen in Bezug auf das Gelände der al-Aqsa-Moschee beziehungsweise des Tempelbergs auftraten, verurteilten sie alle einseitigen Änderungen des Status quo: „Jede Bedrohung seiner Kontinuität und Integrität könnte zu unvorhersehbaren Konsequenzen führen, die angesichts des heute herrschenden politischen Klimas vermieden werden sollten." Generell haben die Kirchenoberhäupter immer wieder alle einseitigen Handlungen angeprangert, die eine politische Lösung des israelisch-palästinensischen Konflikts erschweren oder die den multikulturellen und multireligiösen Charakter Jerusalems gefährden. Dazu gehören auch die Rechte der Kirchen und die Notwendigkeit, über alle erforderlichen Mittel zu verfügen, um sich um ihre Gläubigen zu kümmern und um der menschlichen Gemeinschaft, der auch sie angehören, zu dienen.

> Die Gläubigen identifizieren sich spontan als Christen, wohingegen der Klerus dazu tendiert, sich mit der jeweiligen Konfession zu identifizieren.

Frans Bouwen wurde 1938 geboren und gehört zur „Gesellschaft der Missionare von Afrika", bekannt als Weiße Väter. Er wirkt seit über 50 Jahren an der Annakirche in Jerusalem. Der belgische Pater engagiert sich für den ökumenischen und interreligiösen Dialog, unter anderem als Koordinator der Gebetswoche für die Einheit der Christen. Von 1969 bis 2015 leitete er die Zeitschrift „Proche Orient Chrétien".

Unter all den Aktivitäten und Entscheidungen, die die Rechte der Kirchen und die christliche Präsenz in Jerusalem und im Heiligen Land bedrohen, sind zu nennen: aus Sicherheitsgründen auferlegte Beschränkungen der Bewegungsfreiheit von Christen, die sie daran hindern, an Gottesdiensten an hohen Feiertagen teilzunehmen; die Verletzung oder Besetzung von Kircheneigentum durch extremistische Gruppen; wiederholte Akte des Vandalismus und der Schändung von Gotteshäusern und Klöstern; verbale und physische Angriffe gegen Personen, die als Christen erkennbar sind, und vieles mehr.

Die langwierigen Streitigkeiten und Rechtsprozesse im Zusammenhang mit den griechisch-orthodoxen Immobilien am Jaffator, die sich seit 2005 bis heute hinziehen, sind ein Beispiel für die Bedrohungen, die der christlichen Präsenz in der Altstadt drohen. In eigenen Erklärungen beschreiben die Kirchenoberhäupter diese Aktionen als eine Gefahr für den gegenwärtigen Status Jerusalems und für die Beziehungen zwischen den traditionellen Vierteln und Gemeinschaften in der Altstadt: „Wir betrachten die Versuche radikaler Gruppen, sich Eigentum am Jaffator zu sichern, als einen systematischen Versuch, die Integrität der Heiligen Stadt Jerusalem und des Heiligen Landes zu untergraben, die christliche Pilgerroute zu behindern und die christliche Präsenz zu schwächen. Dies ist nur ein Teil der konzertierten Bemühungen einer Gruppe, die sich gegen die christliche Präsenz in Jerusalem richtet, um die Spannungen zwischen den Gemeinschaften zu verstärken und die harmonische Vielfalt, für die Jerusalem bekannt sein sollte, zu beeinträchtigen" (6. Juli 2020).

Ein aktuelles Beispiel für die Bedrohung des traditionellen multireligiösen und multikulturellen Zusammenlebens in der Altstadt sind die Gefahren, die dem armenischen Viertel nach einer dubiosen Grundstückstransaktion im Jahr 2021 drohen. Das armenische Patriarchat versucht die Transaktion vor den israelischen Gerichten rückgängig zu machen. Anstatt die Entscheidung des Gerichts abzuwarten, versuchen einige extreme jüdische Gruppen jedoch, das Grundstück gewaltsam in Besitz zu nehmen. Die armenische Gemeinschaft muss sich ständig gegen diese Versuche mobilisieren, die ihre Präsenz in ihrem traditionellen Viertel bedrohen. Auch hier sind alle Kirchen Jerusalems besorgt und bekunden ihre Unterstützung auf vielfältige Weise.

Gemeinsame Verurteilung aller gewalttätigen Handlungen

Seit dem Ausbruch der Gewalt in und um den Gazastreifen im Oktober 2023 haben die Kirchenoberhäupter wiederholt zu einem Ende des Krieges aufgerufen. Der Krieg kann, wie sie erklären, nicht zu einer gerechten und friedlichen Lösung des israelisch-palästinensischen Konflikts führen. Die Kirchenoberhäupter betonen die Notwendigkeit, das Leben und die Würde aller Menschen zu achten. In ihrer gemeinsamen Botschaft zu Ostern 2024 bekräftigten sie dies erneut: „Wir wiederholen unsere Verurteilung aller gewalttätigen Handlungen in dem gegenwärtigen verheerenden Krieg, insbesondere derjenigen, die sich gegen unschuldige Zivilisten richten, und wir bekräftigen unseren Aufruf zu einem sofortigen und dauerhaften Waffenstillstand (...) und zur Aufnahme von Verhandlungen unter internationaler Vermittlung, die darauf abzielen, den gegenwärtigen Kreislauf der Gewalt zu beenden und sich darüber hinwegzusetzen."

Anlässlich der Übergabe von Ostergrüßen an den lateinischen Patriarchen *Pierbattista Pizzaballa* am 19. April 2022 beschrieb der griechisch-orthodoxe Patriarch *Theophilos III.* die Bedeutung ihrer gemeinsamen Worte und Taten: „Die guten Beziehungen, die wir pflegen, und das gemeinsame Zeugnis angesichts der Herausforderungen, das wir ablegen, sind von entscheidender Bedeutung für die Aufrechterhaltung der christlichen Präsenz hier. Wir sind entschlossen, diese Beziehungen zu vertiefen und unser gemeinsames Zeugnis zu stärken, damit die Welt die Ernsthaftigkeit unseres Auftrags erkennt und versteht."

Die gemeinsamen Erklärungen der Kirchenoberhäupter sind nicht nur ein Mittel zur Verteidigung ihrer Rechte und Interessen. Gerade die Tatsache, dass all die Widrigkeiten die Kirchen einander näher bringen, beweist, dass sich die Kirchen im Innersten auch zusammengehörig fühlen. Sie sind in Christus geeint, in einer Gemeinschaft, die noch nicht institutionell ausgedrückt werden kann, die aber eine lebendige Realität ist. Dies ist eine solide Verheißung für die Zukunft, für Jerusalem und das Heilige Land, und vielleicht auch für andere Orte in der Welt.

Auf dem Weg zu einem gemeinsamen Zeugnis und Dienst werden die Kirchenoberhäupter, Priester und Geistlichen von den Gläubigen ermutigt, die ihnen oftmals sogar vorausgehen. Denn die Christen vor Ort sind sich sehr wohl bewusst, dass sie sich nur gemeinsam wirksam für ihre künftige Präsenz in Israel-Palästina einsetzen können. Es ist eine Frage des „zusammen sein oder nicht sein". Sie leben und arbeiten intuitiv zusammen. Dies wird durch die Tatsache erleichtert, dass sie alle derselben jahrhundertealten christlichen Gemeinschaft angehören, die auf die Zeit der Apostel zurückgeht. Sie haben das Gefühl, zusammenzugehören, auch wenn sie heute als Folge der Geschichte in verschiedene Kirchen oder Konfessionen aufgeteilt sind. Gemeinsam haben sie über Jahrhunderte hinweg dieselben Freuden und Nöte erlebt, und diese Erfahrung ist für sie gemeinschaftsbildend. Konfessionsverbindende Ehen bilden einen festen Bestandteil ihres Lebens, in fast jeder Familie.

Die Gläubigen identifizieren sich spontan als Christen, wohingegen der Klerus dazu tendiert, sich mit der jeweiligen Konfession zu identifizieren. Die Gläubigen treiben auch eine engere Zusammenarbeit in den Bereichen Pastoral, Soziales und Bildung voran. In christlichen Schulen, Krankenhäusern, Pflegeheimen und sozialen Einrichtungen arbeiten sie zusammen und heißen jeden Menschen willkommen, unabhängig von der Religion oder ethnischen Zugehörigkeit. Sie hoffen, auf diese Weise Orte zu schaffen, an denen das Zusammenleben gefördert und täglich gelebt wird – und an denen künftige Generationen in demselben Geist gebildet werden. ∎

PANORAMA

Auch die Orthodoxie muss sich mit veränderten Moralvorstellungen beschäftigen

Rechtmäßig verbunden

Griechenland führte als erstes christlich-orthodox geprägtes Land die Ehe für alle ein und schuf einen Präzedenzfall. Die Kirche sieht sich herausgefordert. VON KONSTANTINOS VLIAGKOFTIS

Griechenland hat am 5. Februar 2024 als 37. Land der Welt die Gleichstellung der Ehe anerkannt. Nach kurzer gesellschaftlicher Debatte wurde das Gesetz mehrheitlich verabschiedet. Eine breite Koalition von Abgeordneten aus konservativen, sozialistischen und linken Parteien stimmte dafür. Gleichgeschlechtlichen Paaren ist es seitdem erlaubt, zu heiraten und Kinder zu adoptieren; ihnen wurden dieselben Rechte und Pflichten wie andersgeschlechtlichen Paaren gewährt. Premierminister *Kyriakos Mitsotakis* stellte fest, dass längst gesellschaftliche Veränderungen im Gange seien, die eine rechtliche Anerkennung erfordert hatten.

Griechenland ist das erste überwiegend orthodox-christliche Land, das die gleichgeschlechtliche Ehe legalisierte. Dies stieß erwartungsgemäß auf erheblichen Widerstand der orthodoxen Kirche von Griechenland, die nach wie vor über großen Einfluss verfügt.
Die Hierarchie um den gemäßigten Erzbischof *Hieronymos II.* verurteilte das Gesetz scharf und stellte es als Bedrohung für traditionelle Werte und gesellschaftliche Normen dar. Hieronymos sprach sich in der Öffentlichkeit für ein Referendum aus, da eine solche Änderung nicht allein vom Parlament entschieden werden sollte. Orthodoxe Kreise organisierten öffentliche Proteste – allerdings ohne den erwarteten Erfolg. Kirchenvertreter nahmen Kontakt zu Abgeordneten auf, um sie zu überzeugen, gegen den Gesetzesentwurf zu stimmen. Zwei ultrakonservative Metropoliten sowie einzelne Priester schlossen sogar Abgeordnete, die für den Gesetzesentwurf stimmten, aus der Kirche aus.
Politisch gesehen stellt das Gesetz einen mutigen Schritt von Premierminister Mitsotakis und seiner Regierung dar, sich an umfassende europäische Menschenrechte anzupassen. Es stellte sie gleichzeitig vor die Herausforderung, mit Gegenreaktionen konservativer Wähler und religiöser Gruppen umzugehen. Umfragen zeigten, dass die griechische Bevölkerung in dieser Hinsicht durchaus geteilter Ansicht ist.
In der Weltorthodoxie schuf die Entscheidung Griechenlands einen Präzedenzfall. Er könnte andere mehrheitlich orthodoxe Länder veranlassen, ihre Haltung zu LGBTQ-Rechten zu überdenken und die Rolle der Kirche in Gesetzgebungsfragen neu zu bewerten.

Konstantinos Vliagkoftis wurde 1971 geboren und ist seit 2022 Direktor des Metropolitanbüros der Griechisch-Orthodoxen Metropolie von Deutschland. Seit 2008 Lehrbeauftragter für Orthodoxe Theologie an der Uni-Bonn. Er wurde 2002 in Theologie in Thessaloniki promoviert.

Auf der anderen Seite könnte er zu tiefergehenden theologischen Debatten und Reformen innerhalb der Orthodoxie führen, um in einer sich schnell ändernden Welt relevant zu bleiben. Dabei muss sich die Kirche internen Konflikten stellen und trotz unterschiedlicher Ansichten auf Einheit hinarbeiten. Die ethischen Fragen, die aufgeworfen werden, wurzeln in theologischen, sozialen und moralischen Überlegungen.

Die orthodoxe Tradition interpretiert die Heilige Schrift eindeutig: Die Ehe ist eine Verbindung zwischen einem Mann und einer Frau. Wie kann diese Interpretation mit dem heutigen Verständnis von Gleichheit und Menschenrechten in Einklang gebracht werden?
Nach wie vor betrachtet die Kirche homosexuelle Handlungen als sündig. In Hinblick auf gleichgeschlechtliche Paare und ihre Familien steht sie vor der Herausforderung, relevant und mitfühlend zugleich zu bleiben. Wie sollen gleichgeschlechtliche Paare innerhalb der Kirche behandelt werden? Wie können Seelsorge und Glaubenstreue in Einklang gebracht werden?
Außerdem sieht die orthodoxe Kirche die traditionelle Familie als Grundlage der Gesellschaft an. Die gleichgeschlechtliche Ehe fordert diese Ansicht heraus und wirft weitere Fragen über die Rolle unterschiedlicher Familienformen für das moralische Gefüge der Gesellschaft auf. Wiederum: Wie kann die Kirche mit vielfältigen Familienformen unterstützend umgehen, während sie gleichzeitig ihrer Lehre treu bleibt?
Im gesamtorthodoxen Kontext stellt sich die Frage, ob eine einzige autokephale Kirche die orthodoxe Position in einem solch zentralen Thema der Ethik ändern kann. Wenn dies der Fall ist: Welche Konsequenzen hätte dies für die Einheit in einer Zeit, in der starke homophobe Tendenzen in großen Teilen der Orthodoxie üblich sind und synodale innerorthodoxe Prozesse auf universaler Ebene lahmgelegt wurden?
Im gesellschaftlichen Kontext werfen die Beteiligung der Kirche an öffentlichen Debatten und ihr Einfluss auf die Gesetzgebung die Frage nach der Trennung von Kirche und Staat auf. Wie kann sich die Kirche einbringen, ohne ihre religiösen Ansichten denen aufzuzwingen, die ihren Glauben nicht teilen?
Die Kirche muss mit diesen Spannungen umgehen und die ethischen Auswirkungen ihres öffentlichen Zeugnisses bedenken. ■

PANORAMA

Die Armenisch-Apostolische Kirche ist mit ihren Sorgen nicht allein

Frischer Atem

Die offizielle Bezeichnung der armenischen Kirche lautet „Apostolische Orthodoxe Heilige Kirche Armeniens". Weltweit umfasst sie rund neun Millionen Mitglieder, davon fast zwei Drittel in der weltweiten Diaspora, gut 60.000 in Deutschland. **VON VAZRIK BAZIL**

Die armenische Sprache nennt die „Heilige Schrift" wörtlich übersetzt den Atem Gottes, den Atem des lebendigen Gottes. Seit 1992, als die Diözese der Armenischen Kirche in Deutschland gegründet wurde, versucht sie, den Glauben lebendig zu halten – heute mit sieben Geistlichen in 16 Kirchengemeinden, überwiegend in den sogenannten „alten" Bundesländern. Mit ihrem Sitz in Köln ist die Diözese die stärkste Organisation der armenischen Gemeinschaft in Deutschland – sowohl strukturell als auch personell und finanziell. Die Mitgliedsbeiträge sichern eine solide Arbeitsbasis, ohne große Sprünge zu erlauben. Ihre Gründungs- und Konsolidierungsphasen hat sie bereits überwunden. Heute sind ihre Sorgen zumeist andere. Sie sind „Sorgen" und nicht „Herausforderungen", weil in der armenischen Sprache „Sorge" *hoks* heißt – ein Wort, das mit *hoki*, „Seele", beziehungsweise „Geist", denselben Stamm teilt. Wer beseelt und beatmet ist, hat Sorgen, die zuweilen bleiben, selbst wenn einzelne Herausforderungen bewältigt sind. Um welche Sorgen geht es? Gerafft stechen drei hervor.

Zerstreuung: Die armenische Diaspora ist doppelt gepolt. Einmal leben Armenier in der weltweiten Diaspora. Dann leben sie aufgrund ihrer verhältnismäßig kleinen Zahl auch noch zerstreut in einem großen Land wie Deutschland. Dies erschwert die seelsorgerische Betreuung der Kirchengemeinden erheblich – wenn Seelsorge mehr umfassen soll, als nur einmal im Monat die Eucharistie zu feiern, Kinder zu taufen oder Verstorbene beizusetzen. Die Zeit für eine entfaltete Seelsorge reicht nicht aus. Die Gemeinden verschieben ihre Wünsche nach einem Kindergarten oder einer Schule in eine unabsehbare Zukunft.

Zusammensetzung: Nach dem Fall des Eisernen Vorhangs begann sich die Zusammensetzung der Gemeinden zu verschieben. Während bis in die

Vazrik Bazil wurde 1966 geboren und ist Autor, Dozent und Vortragsredner. Studium der Philosophie, Theologie und Public Relations in Rom und München. Referententätigkeit im Deutschen Bundestag und in mehreren Staatsministerien im Freistaat Sachsen. Mitgründer und langjähriger Präsident des Verbandes der Redenschreiber deutscher Sprache.

Neunzigerjahre vorwiegend Diaspora-Armenier aus dem Nahen und Mittleren Osten oder Gebürtige aus Deutschland die Gemeinden bildeten, strömten im Laufe der letzten Jahre immer mehr Armenier aus der ehemaligen Sowjetrepublik Armenien nach Deutschland. Auch die Geistlichen stammen heute mehrheitlich aus der Republik Armenien. Die Auslands-Armenier wirken nun gemeinsam mit den Diaspora-Armeniern in den Gemeinden. Kulturelle und sprachliche Unterschiede treten ebenso deutlich zutage wie das Fremdeln der Auslands-Armenier mit dem Gemeindeleben in der Diaspora überhaupt. Mit dieser Verschiebung geht die zunehmende Schwächung und Erlahmung der westarmenischen Kultur einher. Denn die Republik Armenien gehört zum ostarmenischen Kulturkreis, zu dem beispielsweise auch die sehr alte armenische Gemeinschaft in Persien (heute: Iran) gehört – aber wiederum mit erheblichen Unterschieden zu den Armeniern in den ehemaligen Sowjetrepubliken, insbesondere zur Republik Armenien. Westarmenisch und Ostarmenisch sind keine Mundarten, sondern zwei Hochsprachen. Nun ist Westarmenisch im Rückzug begriffen. Die UNESCO zählt es inzwischen zu den bedrohten Sprachen der Welt. Es bräuchte auch in Deutschland einen kräftigen Schub.

Jugend: Die armenische Jugend hierzulande lebt nicht in einem luftleeren Raum. Sie ist Teil der deutschen Jugend. Geistliche, die aus der Republik Armenien oder aus Nahost stammen und hier ihren apostolischen Dienst leisten, müssen die Probleme der Jugend – und nicht nur deren – in Deutschland kennen, um christliche Zugänge zu finden. Auch bei dieser Jugend verdunsten traditionelle Bindungen, auch sie leidet unter Einsamkeit und Depression, auch sie verfängt sich in den Fallstricken der Sozialen Medien. Frömmelnde Ansprachen und gutes Zureden allein helfen kaum. Es wäre wünschenswert, wenn Geistliche, die nach Deutschland oder Europa entsandt werden, zuvor eine kulturelle

Vorbildung erhielten, um die Länder, ihre Eigenheiten und Grenzen, Vorurteile und Vorzüge kennenzulernen.

Kennenlernen gilt übrigens auch für die beiden großen Bekenntnisse in Deutschland, die katholische und die evangelische Kirche. Theologische Unterschiede und Gemeinsamkeiten zu kennen, ist gut, aber unzureichend. Beide Kirchen haben Sorgen, die sich nicht wesentlich von denen der armenischen Kirche unterscheiden, beispielsweise bezüglich der Jugend. Mehr Basisökumene jenseits aller offiziellen Höflichkeit und ritualisierten Interessenbekundungen täte allen Seiten gut. Ein loses Gespräch an einem unbedeutenden Nachmittag bei Kaffee und Kuchen in der Nachbargemeinde kann ökumenisch mehr fruchten als liturgische Präzision im Altarbereich.

Die Kirchen müssen nicht „modern" sein – auch wenn das Wort *modernus* in Analogie zu *hodiernus* eine Neubildung des christlichen Spätlateins ist und es erstmalig Papst *Gelasius* im ausgehenden 5. Jahrhundert benutzte. Die Kirchen müssen auch nicht „antik" sein, wohl aber „frisch"– *dalar*. Atem, Sorge (Selbstsorge und Fremdsorge) und Frische gehören zur Lebendigkeit des überlieferten Glaubens. Was verdorrt, bricht, was frischt, bleibt. Das Ringen um diese Frische ist die Grundsorge auch der Armenisch-Apostolischen Kirche in Deutschland. ■

Sofia Atlantova und Oleksandr Klymenko: Maria, Hüterin des Getreides

Foto: Simone Bastreri, Bischöfliches Generalvikariat Trier

PANORAMA

Der Liturgiestreit in der syro-malabarischen Kirche in Indien

In die richtige Richtung

Jahrelang herrschte ein Liturgiestreit in der syro-malabarischen Kirche in Indien, der bis zu handfesten Prügeleien führte. Er veranschaulicht die Identitätssuche und Autoritätsansprüche in einer der traditionsreichsten Kirchen der Welt, die sich mal mehr, mal weniger mit Rom verbunden weiß. **VON BABY VARGHESE**

Die syro-malabarische Kirche im Südwesten Indiens (SMC) ist mit etwa drei Millionen Mitgliedern die zweitgrößte katholische Ostkirche. Der Liturgiestreit, der diese Kirche jahrzehntelang beschäftigte, kann nur mit Blick auf die Latinisierung verstanden werden, die wiederum bereits nach der Synode von Diamper im Jahre 1599 begann. Diese von Rom nie bestätigte Synode zwang die Thomaschristen, zu denen sich die Syro-Malabaren zählen, in eine Union mit Rom. Bald danach führten portugiesische Bischöfe (1599–1657) und italienische Karmeliten (1661–1887) eine stark latinisierte Form der ostsyrischen Anaphora (eucharistische Gebete) der Apostel Addai und Mari ein. Ebenso wurden mehrere lateinische Liturgietexte ins Syrische übersetzt, die noch bis zum Zweiten Vatikanischen Konzil Verwendung fanden.

Spätestens seit dem Ende des 19. Jahrhunderts breitete sich unter den Geistlichen eine tiefe Unzufriedenheit mit der Latinisierung ihrer Kirche aus. Als Antwort auf eine Initiative der vatikanischen Kongregation für die Orientalischen Kirchen begannen sie eine Wiederbelebung der ursprünglichen liturgischen Formen. So wurde 1960 das Missale mit den Anaphora der Apostel auf Syrisch veröffentlicht, gefolgt von einer Übersetzung in die dravidische Sprache Malayalam im Jahr 1962.

Im Oktober 1966 beschloss die katholische Bischofskonferenz von Indien (CBCI), die vom Zweiten Vatikanischen Konzil angestrebte liturgische Erneuerung „umfassend und systematisch zu verkünden". Daraufhin folgte eine Phase „liturgischer Anarchie". Verschiedene liturgische Texte wurden veröffentlicht – einige versuchsweise, andere ohne Genehmigung oder mit „indischen" oder eher hinduistischen Merkmalen. Die meisten Texte nahmen leider keinen Bezug auf den liturgischen Geist und die Symbole des Ostens.

Neue Richtlinien für die Römische Messe von 1969 befürworteten sodann die Form der Messfeier, in der sich der Priester dem Volk zuwendet (*versus populum*), und die sich bald auch in syro-malabarischen Messen zeigte. Dieser lateinische Brauch wurde zusammen mit einigen anderen Vorgaben alsbald in mehreren Diözesen als Norm angesehen. Die Versuche, den östlichen Brauch wiederherzustellen, lehnten diese Diözesen ab. Das führte zu Kontroversen.

Ostsyrischer versus latinisierter Ritus

Die syro-malabarische Kirche besteht weltweit aus 35 Eparchien (Bistümern), von denen fünf Erzeparchien sind: Ernakulam-Angamaly, Changanacherry, Trichur, Thalassery und Kottayam. Der Liturgiestreit wurzelt im Tauziehen zwischen zwei Erzeparchien: Changanacherry und Ernakulam-Angamaly. Erstere plädiert für eine traditionell eher ostsyrische Liturgie (*ad orientem*) und letztere für einen eher liberalen Ansatz im Einklang mit den Liturgiereformen des Zweiten Vatikanischen Konzils (*versus populum*). Es geht dabei nicht nur um die Ausrichtung des Priesters, sondern auch darum, ob die syro-malabarische Kirche auch andere verloren gegangene ostsyrische Elemente wiederherstellen oder aber die lateinischen Elemente beibehalten soll, die sich in mehr als 400 Jahren in die östliche Liturgie eingeschlichen haben.

1992 erhielt die Kirche den Status einer großerzbischöflichen Kirche. Rom behielt sich zunächst das Recht auf die Ernennung von Bischöfen vor. Rom wachte also zunächst noch über liturgische Experimente und behielt die heftigen Diskussionen über Reformen in Indien im Auge. Im Jahr 1998 aber wurden die Einschränkungen aufgehoben und die Jurisdiktion übertragen: Die syro-malabarische Kirche erhielt die Freiheit, liturgische Reformen selbst durchzuführen. Im November 1999 trat die syro-malabarische Synode zusammen. Sie einigte sich auf einen Kompromiss, der als „einheitliche Form der Feier" bekannt wurde. Er sah vor, dass die Zelebrationsrichtung vom Beginn der Messe bis zum Hochgebet zum Volk, versus populum, sei, dann während des gesamten Hochgebets bis einschließlich zur Kommunion mit Blick zum Altar (ad orientem); und schließlich nach der Kommunion wiederum versus populum.

Dieser Vorschlag wurde von der Ostkirchen-Kongregation gebilligt und von der Synode der syro-malabarischen Kirche angenommen. Die Diskussionen aber gingen weiter. 2017 veröffentlichten zwölf Bischöfe ihre Ablehnung des Vorschlags, die von der Synode ignoriert wurde. Letztere machte geltend, dass die Entscheidung einstimmig gefallen sei.

In einem Rundschreiben vom 28. August 2021 legte Großerzbischof Kardinal *George Alencherry* eine überarbeitete Fassung vor und wies an, die entsprechende „einheitliche Form der Feier" ab 28. November 2021 zu befolgen. Unmittelbar nach der Veröffentlichung wandten sich die Gegner der Zelebration ad orientem an den Vatikan, um die Umsetzung des Beschlusses auszusetzen. Einige andere Diözesen baten um mehr Zeit und wurden daraufhin angewiesen, die neue Form bis spätestens Ostern 2022 umzusetzen. Wieder andere Diözesen folgten jedoch der neuen Vorgabe ab November 2021.

Die Priester der Erzeparchien Ernakulam-Angamaly und Trichur sowie der Eparchien Iringalakuda, Palghat und Tamarassery hatten Rom um Dispens gebeten. Sie forderten auch die syromalabarische Synode auf, ihre Entscheidung zu überdenken. Am 10. Dezember 2021 lehnte Rom den Antrag ab und erteilte die Anweisung, die von der Synode genehmigten liturgischen Vorgaben zu befolgen. Die Erzeparchie Trichur und die drei Eparchien folgten nun der Anweisung aus Rom; Ernakulam-Angamaly aber widersetzte sich.

2022 spitzte sich die Lage weiter zu. Am 25. März 2022 richtete Papst Franziskus in einem Brief an die Mitglieder der Erzeparchie Ernakulam-Angamaly die „väterliche Ermahnung, sich unverzüglich an den Synodenbeschluss über die Form der Feier" zu halten. Am 5. April 2022 trafen sich die Bischöfe der SMC, um darüber zu beraten. Weitere Bischöfe und Priester erklärten sich bereit, der Entscheidung der Synode zu folgen. Am 26. Juli 2022 beschlossen aber der Apostolische Administrator, Erzbischof *Antony Kariyil*, und die Mehrheit der Priester der Erzeparchie Ernakulam-Angamaly, entgegen der Entscheidung der Synode weiterhin die gesamte Liturgie versus populum zu feiern. Rom intervenierte nun scharf und Erzbischof Kariyil musste zurücktreten. Am 31. Juli 2022 ernannte Rom *Mar Andrews Thazhath*, Erzbischof von Trichur, zum Apostolischen Administrator von Ernakulam-Angamaly. Seine Bemühungen scheiterten jedoch. Deshalb kam der päpstliche Nuntius, *Leopoldo Girelli*, am 6. Dezember 2023 zum Flughafen von Cochin, berief Kardinal George Alencherry ein und übergab ihm zwei Schreiben.

Am nächsten Tag traten Kardinal Alencherry und Erzbischof Thazhath zurück. Bischof *Bosco Puthur* wurde zum Apostolischen Administrator von Ernakulam-Angamaly und Erzbischof *Sebastian Vaniyapurackal* zum Administrator der syro-malabarischen Kirche ernannt.

Papst Franziskus bat die Priester von Ernakualm-Angamaly erneut, ab Weihnachten 2023 die Messe nach den Vorgaben der Synode zu feiern. Als Ausdruck ihres Protests feierten am 12. Dezember 2023, dem hundertsten Jahrestag der Eparchie, 400 Priester aus Ernakulam-Angamaly auf dem Gelände eines Colleges eine Messe – dem Volk zugewandt, also versus populum.

Am 8. Januar 2024 wählte die Synode *Raphael Thattil* zum Großerzbischof, der am 11. Januar 2024 inthronisiert wurde. Am 10. Juni 2024 gab die syro-malabarische Synode auf Anweisung des Papstes die letzte Warnung aus, die einheitliche Liturgie ab dem 3. Juli 2024 zu feiern. Die Synode warnte, dass jeder Priester, der sich nicht daran hält, von der Feier der Liturgie und von den sakramentalen Riten suspendiert würde.

Am 16. Juni 2024 wurde ein Rundschreiben des Großerzbischofs in den Kirchen verlesen. In Kirchen, in denen die Rebellengruppe die Mehrheit stellte, kam es zu gewalttätigen Szenen. In Edappally wurde der Hirtenbrief in den Müll geworfen, in Elamkulam öffentlich verbrannt. In der Basilika St. Mary prügelten sich zwei Gruppen, sodass die Polizei einschritt, um die Ordnung wiederherzustellen. In mehreren Kirchen wurde das Schreiben erst gar nicht verlesen. Am 20. Juni dann sandten 87 Priester der Eparchie Iringalakuda einen Brief an die Synode, in dem sie die einheitliche Liturgie ablehnten und ein Referendum forderten. Am 24. Juni sprachen sich fünf Bischöfe der syro-malabarischen Kirche dagegen aus, disziplinarische Maßnahmen gegen die Priester zu ergreifen, die sich nach dem 3. Juli weiterhin nicht an die Liturgie der Synode halten würden. Daraufhin änderte der Oberste Erzeparch seine Taktik. Er bat nun darum, zumindest eine Messe an Sonn- und Festtagen nach der Liturgie der Synode zu feiern. Dies wurde als vorläufige Vereinbarung akzeptiert. Gemäß dieser Vereinbarung wurde am 3. Juli in 250 (von 321) Kirchen von Ernakulam-Angamaly die Liturgie der Synode gefeiert.

Die Kontroverse ist somit noch nicht vollständig beigelegt. Eine beträchtliche Anzahl von Priestern der Diözese weigert sich vehement, sich geschlagen zu geben. So hat sich ein Streit über eine symbolische liturgische Geste in eine organisierte Revolte gegen die Kirchenleitung, einschließlich gegen die Autorität Roms, verwandelt. ∎

> Ein Streit über eine symbolische liturgische Geste hat sich in eine organisierte Revolte gegen die Kirchenleitung, einschließlich gegen die Autorität Roms, verwandelt.

Baby Varghese wurde 1953 geboren. Er ist ein Priester der Malankara Orthodox-Syrischen Kirche und Professor für Theologie am Orthodoxen Theologischen Seminar in Nagpur, emeritierter Professor am Orthodoxen Theologischen Seminar in Kottayam, Professor für syrische Studien am St. Ephrem Ecumenical Research Institute in Kottayam sowie Gastdozent an der Mahatma-Gandhi-Universität in Kottayam, Indien. Er studierte Theologie an den Universitäten in Kottayam und Serampore und wurde an der Katholischen Universität Paris in Theologie sowie Liturgiewissenschaft promoviert.

ZU DEN BILDERN

Die Ikonen von Sonia Atlantova und Oleksandr Klymenko

Auf Holz das Leben

Ein ukrainisches Künstlerpaar schreibt Ikonen auf das Holz von Munitionskisten, um der Verwandlung von Tod in Leben neuen Ausdruck zu verleihen. **VON HILDE NAURATH**

Nichts ist so verletzlich wie Mutterfreude und Kindheit im Krieg." Wenn *Sonia Atlantova* und *Oleksandr Klymenko* erzählen, erscheinen altbekannte Motive in neuem Licht. Das ukrainische Künstlerpaar schreibt in orthodoxer Tradition Ikonen auf Munitionskistendeckel, die aus den Kriegsgebieten der Ukraine stammen. Das unbearbeitete Holz, oft noch mit Scharnieren, Metallstiften und Etiketten versehen, dient ihnen als Hintergrund für die Kultbilder schlechthin der orthodoxen Kirchen; auf militärischem Abfall zeigt sich eine zuversichtliche Hinwendung zu Gott. Und angesichts des Angriffskriegs, erklärt Klymenko der „Herder Korrespondenz", habe seine Frau und ihn als Motiv am meisten die Mutter Jesu interessiert: „Die Tragödie der Muttergottes, die ihren Sohn verloren hat, erinnert uns stets und ständig an die Trauer der ukrainischen Mütter und Witwen." Und zugleich zeige sich der ikonische Leitgedanke der Verwandlung von Tod in Leben ganz besonders eindrücklich, denn schließlich sei es „schwierig, ein schöneres Bild der Lebensbejahung zu finden als eine Mutter mit einem Kind."

Seit 2014 schreiben die Eltern dreier Kinder lebensbejahende Heilige auf Bretter, die den Tod bedeuten, seitdem russische Streitkräfte den Donbass besetzten: „Viele Menschen vergessen, dass der Krieg bereits 2014 begonnen hat", bedauert Klymenko. Seitdem reisen ihre Ikonen in immer neuen Zusammenstellungen um die Welt. Bereits 20 Länder, 100 Städte und 175 Locations haben die Ausstellung beherbergt; nicht zuletzt in der Ukraine selbst erfreut sich das Projekt großer Beliebtheit und ist in den Medien präsent.

Die Auswahl der Motive hängt von mehreren Faktoren ab. In verschiedenen Lebens- und Kriegsphasen widmen sich die Ikonenschreiber je verschiedenen Heiligen. Klymenko verweist auf das „interessante Phänomen" des heiligen Antonius und der anderen Heiligen aus dem Kiewer Höhlenkloster (vgl. Titelbild). Sie seien ein Sinnbild dafür, wie die Zeit alles verändert. Die Klostergründer hätten einst waldbedeckte, abgeschiedene Hügel zu ihrem Standort erkoren, sie seien extra weg von den Menschen in die Ödnis gezogen. „Es muss sehr seltsam für diese Heiligen sein, sich jetzt mitten im Zentrum einer großen Stadt wiederzufinden. Es ist, als hätte sie die Welt mit all ihren Versuchungen und Streitigkeiten lange nach dem Tod nun doch noch eingeholt."

Die neue Relevanz antiker Märtyrer

In den vergangenen Monaten hat sich der 48-Jährige mehr und mehr Johannes dem Täufer zugewandt, „dem letzten Propheten des Alten Testaments". Vor dem Krieg habe er dessen Martyrium, die Folter, die Enthauptung, höchstens als einen fernen Wink aus einem längst vergangenen Zeitalter wahrgenommen. Nun aber, da die Ukraine aufgehört habe, überrascht zu sein von den Berichten „über all das, was Feinde auch heute immer noch tun", erscheine ihm das Geschehen „viel realer und viel näher".

Insgesamt, erläutert der Kunsthistoriker, setze sich die orthodoxe Tradition sowohl aus künstlerischen als auch aus theologischen und liturgischen Elementen zusammen. Es bleibe eine schwierige Frage, was davon veränderliches Gerüst der Kirche bilde und was stabil und ewig sei; gewiss werde nicht alles das Morgen überstehen. Ikonen aber seien ein fester Bestandteil der orthodoxen Tradition, und „die ikonografische Sprache ist der Kern dieser Tradition" (vgl. dieses Heft, 39–42). Dieser Sprache fehle oft „die Erfahrung und die Tradition des sozialen Dienstes", da sie oft allein auf die Liturgie und Anbetung ausgerichtet sei, es gelte jedoch: „Die Dienste von Martha und Maria sind gleichermaßen wichtig. Und unser Projekt ist ein Versuch, sie zu vereinen – denn es richtet das Gebetsanliegen der Ikone sozial aus, es hilft konkret den vom Krieg betroffenen Menschen."

Dahinter steht auch, dass das Ehepaar all seine Ikonen verkauft und den Erlös an Hilfsprojekte spendet. Dazu gehört die Initiative „Aibolyt", die schwer verletzte Militärangehörige und ihre Familien medizinisch, psychologisch und logistisch unterstützt. Seit 2015 fördern die beiden ein mobiles Krankenhaus, das an der Front eingesetzt wird. Sie arbeiten eng mit dem katholischen Zentrum der Stadt Fastiw zusammen, das sich um Kriegsbetroffene kümmert. Und „unglaublich wichtig" seien die Sanitätseinheiten der 114. Brigade der Landesverteidigung und der Brigade „Steel Kordon", die an der Front im Einsatz sind: „Die Sanitäter dieser Brigaden retten täglich dutzenden verwundeten ukrainischen Soldaten das Leben."

Angesichts all der Gräuel klingt schon die Frage nach Hoffnung hohl. Das Lebensgefühl ändere sich sehr, stellt Klymenko denn auch fest, wenn man wisse, „dass jemand einen umbringen will, nur weil man Ukrainer ist, egal, wo man ist". Weder das Alter noch der Status oder der Glaube könnten vor dem sinnlosen Bombardement schützen: „Wir müssen damit leben und es den Kindern erklären." Für ihn und seine Frau heißt das: „Da der Krieg weitergeht, wird unser Projekt weiterhin gebraucht und wir arbeiten weiter daran." ■